URSULA KARVEN
SEBASTIAN DICKHAUT

Mein KOCHBUCH für Kochmuffel

Inhalt ...

Ursula,
Kochmuffel auf gutem Weg

Es war Sommer, ich hatte Spaghetti für die Kinder gekocht, und der Sugo dazu schmeckte nach gar nichts. Ich zog die Gewürzschublade auf und fand: eine Tüte Kaffee, ein Glas Schokocreme, eine Pfeffermühle, leer. Da sagte ich mir: Ursula, jetzt reicht's. Du hast dein Leben immer wieder in Balance bekommen, nur beim Kochen bist du ständig am Stolpern. Und das, obwohl du so gerne isst und Gäste hast. Das muss sich jetzt ändern. Nur wie?

Balance … Weg? Klang nach Yoga. Und dann kam die Erleuchtung: Ich hole mir Rat. Einen Guru, der mir den Weg zeigt. Der mir im Supermarkt die Augen öffnet und meiner Küche das Rätselhafte nimmt. Mit Rezepten, die so schnell wie glatt gehen, und mit Zutaten, die ich mag und krieg. Auf dass ich täglich Frieden mit meiner Küche schließen kann und Freude am Kochen finde. Es muss ja nicht immer gleich die große Liebe sein.

Und als ich anderen Frauen davon erzählte, sagten die: „Na super! Uns geht's genauso. Warum machst du da nicht ein Kochbuch draus?" Und dann hab ich Sebastian getroffen …

Sebastian,
Küchenguru auf unbekannter Mission

Als ich mit Ursula über ihr Kochmuffel-Syndrom sprach, war schnell klar: Das Können ist nicht ihr Problem – sondern das Mögen. Weswegen ich ihr erst einmal ein paar kleine Wunder verschrieben habe. Also Rezepte, die Mut und Lust beim Kochen machen, weil sie so simpel, schnell und sensationell sind. Damit hatten wir schon mal die Einsteigerwoche fürs Buch komplett.

Und so geht's dann hier Woche für Woche weiter: mit Entdeckertagen, an denen bestimmte Zutaten im Rampenlicht stehen, und Basic-Tagen fürs Grundsätzliche. Mit Zauberrezepten, die Reste zum Besten verwandeln, und Wohlfühlgerichten, die einem Energie und Wärme geben.

Mehr als drei Viertel der Rezepte sind ohne Fleisch, weil's am besten für Körper, Seele und Ursula ist. Und damit von Anfang an Frieden ins Kochen kommt, haben wir auch das Einkaufen entschärft: mit Wochenlisten nach Plan und einem Guide für schnelle Entscheidungen. Am Ende wartet dann die Jetzt-kann-ich's-Woche zum Abheben mit Könner-Rezepten, die Lust auf mehr wecken. Denn auch das Küchenleben hat mehr als acht Wochen.

So funktioniert dieses Buch

Die Rezepte steigern sich von Woche zu Woche. Die erste Woche ist die einfachste, klar. Nach der vierten Woche darf Bergfest gefeiert werden, dann geht's weiter. Die siebte Woche ist aber bereits die anspruchvollste, denn die achte und letzte Woche gehört dem Feiern – mit Gerichten, die leicht zu kochen sind und ganz viel hermachen.

Man kann dem Wochenprogramm folgen oder sich aus der Fülle von Rezepten rauspicken, was man mag – beides funktioniert. Außer an den Zaubertagen, dazu gleich mehr.

Es gibt Basic-Tage, Entdeckertage, Fischtage, Veggie-Tage, Wohlfühltage. Alle zusammen ergeben einen Grundkurs im Kennenlernen der wichtigsten Zutaten und Zubereitungen. Fleisch (wie auch Fisch) gibt es vor allem am Wochenende, und dann nur vom Huhn. Das wird dafür in allen Formen zubereitet, wie auch das Ei und die Kartoffel – beliebte Allround-Basics, mit denen sich viele Kochtechniken erlernen lassen.

Eingekauft wird zweimal, einmal fürs Wochenende und einmal für die Woche. Die Einkaufszettel stehen am Anfang jedes Kapitels. Damit zum Einkaufen überhaupt Zeit ist, wird an Montagen und Freitagen was Gutes aus Resten gezaubert – das sind die „Zaubertage".

Alle Rezepte sind Hauptgerichte für mittags oder abends. Ideen für Beilagen dazu, Feines davor und Süßes danach stehen am Ende des Kapitels. Dazu gibt es stets eine Übung – von „Nudeln kochen" bis „Ein großes Essen machen".

Kochmuffels Grundvorrat

Alles, was man immer in der Küche haben sollte, wenn man mit diesem Buch kocht:

- Lieblings-Currypulver
- Lorbeerblätter
- Meersalz
- Paprikapulver edelsüß
- schwarzer Pfeffer in der Mühle
- gemahlener Zimt

- Mehl
- Nudeln
- Reis
- Semmelbrösel
- Zucker

- Essig (Obst- oder Weinessig, Aceto balsamico)
- Honig
- Öl (ein neutrales und ein aromatisches)
- Senf (mittelscharfer und scharfer)
- Sojasauce
- Wein

Die fantastischen Vier

Welche Schneebesen oder Nudelzangen ich habe, ist nicht so wichtig. Was wirklich zählt in der Küche, sind vier Dinge – stimmen die, kann Kochen fantastisch werden.

1. Das Brett

Es sollte so groß wie ein DIN-A3-Zeichenblock sein, damit beim Schneiden was zur Seite geschoben werden kann. Ist es 2–3 cm dick, rutscht es nicht so hin und her; ein feuchtes Tuch oder Küchenpapier darunter bremst zusätzlich. Holzbretter sind natürlicher, schonen die Messer mehr als Kunststoffbretter und müssen gründlich gereinigt werden. Sehr gut: ein kleines Extrabrett für Knoblauch, Zwiebeln usw.

2. Die Messer

Sie sind das wichtigste Werkzeug, sparen können wir woanders. Und 30 Euro genügen schon, wenn sie für zwei gute Messer ausgegeben werden: eins mit breiter, rund 15 cm langer Klinge fürs Gemüseschneiden oder Kräuterhacken (die Hand um den Griff soll nicht aufs Brett stoßen). Ein zweites mit knapp 10 cm langer, schmalerer Klinge fürs Zwiebelschneiden oder Tomatenwürfeln. Einen Gemüseschäler dazu? Gute Idee.

3. Die Töpfe

Hier kann man viel Geld ausgeben, muss man aber nicht. Zum einfachen Kochen reicht die günstige Mittelklasse – ein großer Topf (ca. 5 l) für Nudeln, Ragouts oder Suppen, zwei mittlere Töpfe (ca. 3 l) für Kartoffeln, Reis oder Gemüse, ein kleiner Topf (1–2 l) für Milch, Saucen, Eier und andere Kleinigkeiten. Alle mit Deckel und gerne auch ofentauglich, dann muss keine Auflaufform gespült werden.

4. Die Pfanne

Wenn nur eine, dann die: groß genug für die größte Herdplatte, schwer genug, dass sie nicht verbeult, und mit einem Griff, der in den Ofen darf. Plus Deckel. Soll sie beschichtet sein? Ja, denn Edelstahl hängt gerne, und Eisen braucht Pflege. Welche Beschichtung? Eine der aktuellen, ab 20 Euro kann man nicht viel falsch machen. Sonst noch was? Vielleicht noch eine kleinere für Rührei und andere Kleinigkeiten.

Einkaufsguide für Kochmuffel

Gelbe oder grüne Currypaste? Vorwiegend, festkochend oder was? Unser kleiner Entscheidungshelfer für den fixen Einkauf.

Gemüse und Obst

Äpfel

Süßsaure wie Braeburn, Cox Orange oder Topaz schmecken auch im Essen am besten – am allerbesten ab September aus der Region (dann Gravensteiner kosten), am wenigsten ab Mai, wenn auch der wintergelagerte Boskoop und die Importe schwächeln. Bio ist immer gut, knallgrüne und hellgelbe sind es fast nie. Achtung: Bananen oder Zitrusfrüchte vergammeln neben Äpfeln schneller.

Avocados

Avocados verstärken Aromen und geben Gerichten eine cremige Note, was eine gute Ergänzung für Salate und Sandwichs und die perfekte Basis für Dips ist. Gibt's bei uns in Birnenform („Fuerte") oder runder mit relativ leicht zu lösender grüner Schale und weichem Fruchtfleisch, wenn sie reif sind. Am besten schmeckt aber die hässlichste: die gedrungene „Hass", die reif ist, wenn ihre warzige Schale ganz dunkel ist.

Chilischoten

Geben schnell und direkt Schärfe. Die ganz kleinen sind oft die schärfsten,

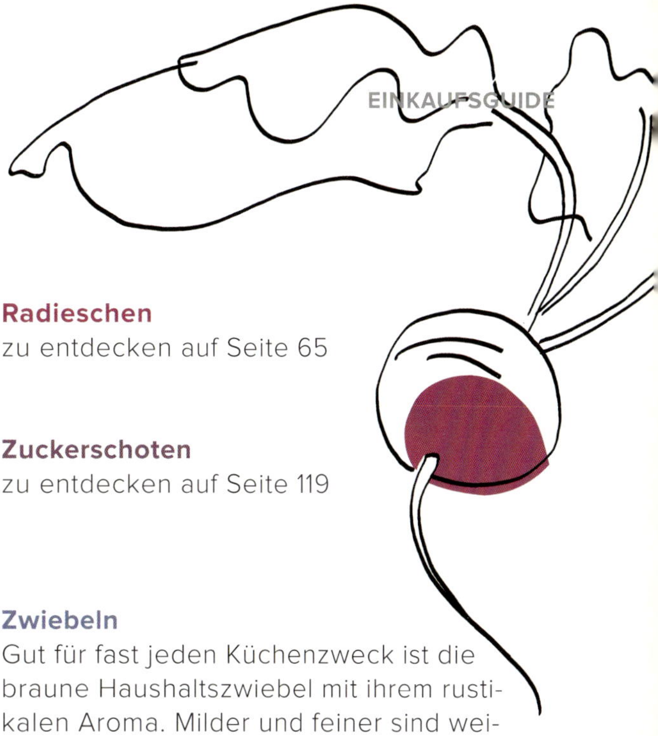

Peperoni eher mild. Rote sind reif und runder im Geschmack, grüne sind vor allem eins: scharf. Nicht so scharf sind sie ohne Kerne, und superscharf sind Jalapeños, die wie kleine Paprikaschoten aussehen.

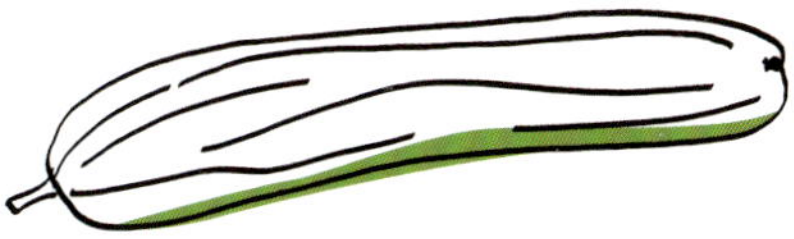

Gurken
Die kurzen, knubbeligen Gartengurken schmecken nach mehr als die schlanken, langen Salatgurken; allerdings muss bei Gartengurken die dicke Schale ab. Wenn es im Sommer frische kleine Gurken zum Einmachen gibt – kaufen, bester Gurkensalat der Welt! Ansonsten immer auch mal an Gurkengemüse denken – so gut und so selten.

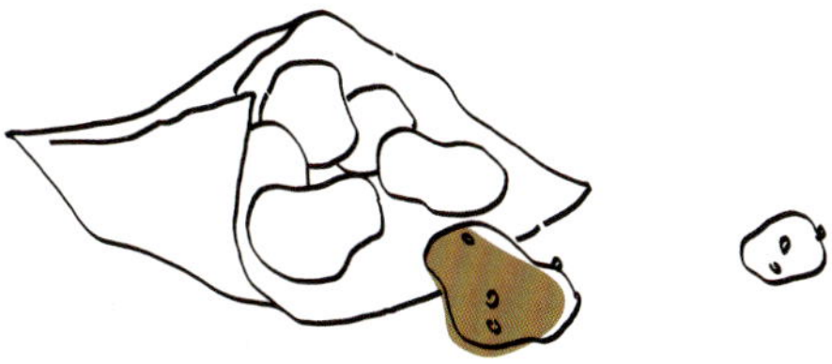

Kartoffeln
Zum Vorkochen und Pellen für Salate und Bratkartoffeln sind am besten festkochende Sorten (steht dran) wie Sieglinde oder Nicola; für Salz- und Pellkartoffeln vorwiegend festkochende wie Christa oder Linda, die aber auch für Püree taugen – wenn man keine mehligkochende wie die Aula bekommt, die außerdem gut für Knödelteig und andere Massen, z. B. für Gnocchi, ist. Am besten lose beim guten Händler oder im Papierbeutel kaufen.

Radieschen
zu entdecken auf Seite 65

Zuckerschoten
zu entdecken auf Seite 119

Zwiebeln
Gut für fast jeden Küchenzweck ist die braune Haushaltszwiebel mit ihrem rustikalen Aroma. Milder und feiner sind weiße Zwiebeln, schön fruchtig die roten, die als einzige gekühlt werden müssen. Schalotten geben reiche Würze, Frühlingszwiebeln sparen das Schälen, garen schnell und zwiebeln nicht so arg – die bitte auch ins Gemüsefach legen.

Aus der Kühltheke

Feta
zu entdecken auf Seite 167

Garnelen
Gibt es von zweifingerdick (Riesengarnelen) bis fingernagelgroß (Krabben), die gängigsten und hier im Buch verwendeten sind fingerdicke Tiefseegarnelen wie z. B. Tiger Prawns. Rot werden sie erst durchs Kochen. Auch die „frischen" in der Fischtheke sind fast immer gefroren zu uns gekommen. Von 1 kg Garnelen bleiben 200–300 g Schwanzfleisch übrig.

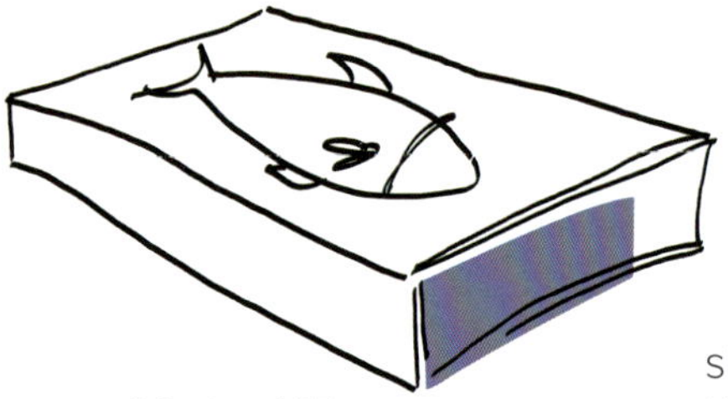

Lachs
zu entdecken auf Seite 107

Mozzarella
Klassisch im Salat und auf Pizza, aber auch gewürfelt als Finish zu Pasta oder Risotto fein. Im Zweifel immer zum italienischen greifen und mal kurz drücken – ist er wie Flummi, zurück damit, gibt er brav nach, ist er zart und wohl auch geschmackvoll. Besonders aromatisch ist Büffelmozzarella, manchen ist der zu animalisch. Aufheben nur in der Lake.

Parmesan
Er sollte immer frisch gerieben sein – man kann ganze Stücke gut im Folienbeutel im Tiefkühler lagern und beim Nudelwasser-Aufsetzen rausholen. „Parmigiano Reggiano" ist 1½–2 Jahre gereift und der aromatischste, aber auch teuerste. „Grana Padano" kann schon nach sechs Monaten und billiger über die Theke gehen. Auch mal kosten: „Pecorino" von Schaf oder Ziege als harten Reibekäse.

Tofu
Der beste Tofu kommt im Zweifel erstens aus der Nähe und zweitens aus dem Bio-Kühlregal – weil er dann am frischsten und reinsten ist, was bei importiertem Tofu aus Asien nicht so sicher ist. Schnittfester Tofu ist gut für Wokgerichte und Salate, zarter Seidentofu für Suppen und Cremes.

Aus dem Regal

Currypaste
Ohne sie geht für Thai-Fans kaum was. Gibt's in Beuteln oder Plastikdosen manchmal im Asienregal des Supermarktes und immer im Asienladen. Hält durch die konservierende Schärfe im Kühlschrank fast ewig. Chili, Ingwer oder der mit ihm verwandte Galgant, Knoblauch und Zitronengras sind die Basis.
Rot wird sie durch getrocknete Chilischoten und passt zu dunklerem Fleisch, Garnelen und „Sonnengemüsen" wie Aubergine, Paprikaschote, aber auch zu vielen anderen kräftigen Zubereitungen. Will man nur eine, nimmt man die rote. Will man die rote, aber nicht ganz so scharf, nach Panang-Paste fragen – die mildere rote gibt's in gut sortierten Asienläden.
Wer es bunter will, nimmt noch die grüne Paste – grüne Chilischoten machen sie besonders scharf; sie wird gerne für Gemüse-, Fisch- und Hähnchencurrys genommen. Seltener ist gelbe Paste mit Kurkuma oder Currypulver drin (eher für indische statt Thai-Würze), und ein wenig nach Orient schmeckt Massaman-Paste mit Nüssen, Zimt und oft Kardamom sowie Gewürznelke drin – Geschmacksache.

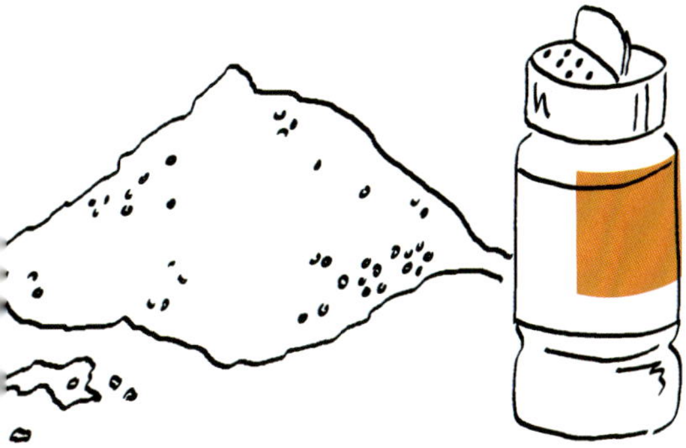

Currypulver

Das „Currygewürz" ist eine Erfindung der Engländer, um daheim auf der Insel den 1001 Würzmischungen Indiens auf einen Griff Herr zu werden. Für indische Köche ein Unding, für Kochmuffel schön eindeutig und praktisch. Gemeinsam ist allen hiesigen Currypulvern die gelbe Farbe wegen des Kurkumas drin – eine gemahlene und recht geschmacklose gelbe Wurzel. Fast immer dabei sind auch Kreuzkümmel bzw. Cumin, oft noch Kardamom, Koriander, Senfsamen, Zimt und natürlich Chili sowie Pfeffer – besonders wenn „Madras-Curry" oder „Ceylon-Curry" draufsteht. Steht „englisch" drauf, ist es milder. Of course.

Eier

Ob weiß oder braun, ist egal. Freilandhaltung ist am besten fürs Huhn, Bodenhaltung ist das kleinere Übel, Käfighaltung ist tabu und Bio immer recht. Wenn hier im Buch nichts dabeisteht, nehmen wir Größe M wie Medium. 10–20 Tage nach dem Legen sind Eier für alles gut (Legedatum = Mindesthaltbarkeitsdatum minus 28 Tage), danach sollte man sie nur noch fürs Hartkochen und Durchgegartes wie Kuchen oder Aufläufe nehmen.

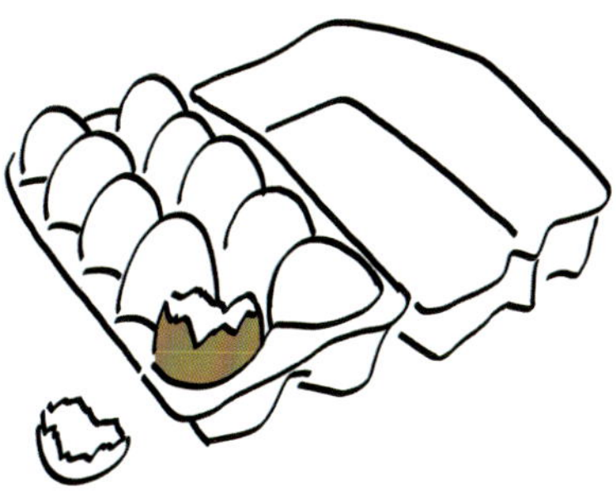

Essig

Guter Essig muss nicht teuer sein, ist aber nie der billigste und sollte einem auch pur schmecken. Guter Apfel- oder Obstessig ist für fast alles geeignet, die erwachsene Variante ist der Weiß- oder Rotweinessig (Finger weg von Branntweinessig!), die asiatische der Reisessig. In gutem Aceto balsamico aus Italien steckt nur Traubenmost, der mindestens 1–2 Jahre gereift sein sollte – wer diesen Aufwand betreibt, schreibt's dann eigentlich auch immer aufs Etikett. Auch hier gilt im Zweifel – lieber etwas mehr Geld ausgeben. „Aceto balsamico tradizionale" ist der teuerste, weil 12 Jahre gereift, was für die Kochmuffelküche aber zu viel des Guten ist.

Kokosmilch

Gibt's in Päckchen und Dosen, bei Letzteren lässt sich nach dem Öffnen gut der feste „Rahm" zum Andünsten abschöpfen, wenn man sie nicht zu viel geschüttelt hat. Früher gab's auch gesüßte Milch bzw. nur den Rahm, heute fast nicht mehr.

Linsen
Einst ein Arme-Leute-Essen, sind sie heute eine Bereicherung auch für die feine Küche. Sie verleihen Gerichten Substanz mit Biss und nehmen gerne Aromen auf, um sie verstärkt weiterzugeben – in Suppen, Pürees, Salaten oder als Gemüse. Braune oder Tellerlinsen eignen sich für die deftigere Küche, edel sind die kleinen, dunklen wie Beluga- oder Puy-Linsen. Rote und gelbe Linsen sind gut für Orientalisches – und brauchen keine 10 Minuten, um weich zu werden.

Lorbeerblätter
zu entdecken auf Seite 45

Mehl
Steht nichts anderes dabei, ist in diesem und anderen Kochbüchern Weizenmehl der Type 405 gemeint, was immer vorne auf der Packung steht. Die Mehltypen-Zahl sagt, wie viel vom ganzen Korn drinsteckt – bei weißem Mehl der Type 405 wenig, bei Type 812 oder 1050 ist es sehr vollkörnig. Und damit ein wenig unberechenbarer beim Kochen, Backen und Schmecken. Was wir dem Kochmuffel erst mal ersparen wollen. Okay, liebes Ernährungsministerium?

Nüsse und Kerne
zu entdecken auf Seite 25

Öl
Zwei Öle braucht der Kochmuffel: ein gutes Pflanzenöl mit wenig Eigengeschmack für Salate jeder Art und fürs Anbraten von allem Möglichen – zum Beispiel Sonnenblumenöl. Dazu für kalte und warme Gerichte, die nach mehr schmecken sollen, vor allem nach Mittelmeer: ein hochwertiges Olivenöl. Da steht dann „kalt gepresst“ und „nativ“ oder „vergine“ drauf, noch besser mit einem „extra“ dabei.

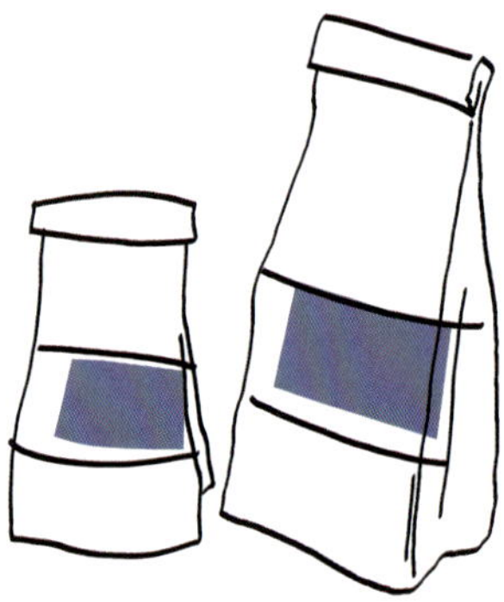

Reis
Für alle Tage gibt’s ganz normalen Langkornreis, gerne auch Patnareis genannt, der körnig kocht – der feinste ist der indische Basmatireis. Duftreis oder Jasminreis klebt etwas, ist aber kein Klebreis und ist ideal zu Stäbchen-Gerichten. Für Risotto nimmt man Rund-

kornreis; Arborio, Vialone und der feine Carnaroli sind die bekanntesten Sorten. Rundkornreis gibt beim Kochen mehr klebrige Stärke ab, was auch für Sushi und Milchreis gut ist.

Sojasauce
Die Allround-Sauce für Kochmuffel kommt aus Japan (und da gibt's nicht nur die eine), heißt da „Shoyu" und ist runder und zurückhaltender im Geschmack als die aus dem Rest der Welt. Japanische „Tamari" wird nur aus Soja gewonnen (in Shoyu steckt auch Weizen) und ist besonders kraftvoll, was gut zum Schmoren und tropfenweisen Würzen ist. Chinas Sojasaucen teilen sich in „helle" Sorten (die immer noch recht dunkel sind) zum Marinieren und für hellere Gerichte mit Fisch, Geflügel und Gemüse, gerne auch aus dem Wok. Sie wirken salziger als „dunkle", die länger gereift und damit vielschichtiger im Aroma sind – gut für länger Gegartes wie Ragouts und Suppen. Indonesische Ketjap Manis ist dickflüssig und süßlich, was am besten für Dips ist. Die Auswahl in Bioläden ist sehr gut.

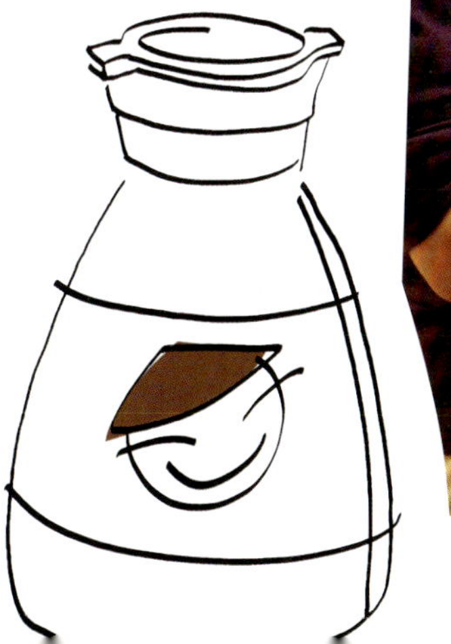

Zucker
Ob weißer Zucker vom Rohr oder von der Rübe ist, ist egal – er schmeckt gleich neutral. Was gut ist, wenn man ohne Nebentöne süßen will. Beim braunen Zucker reicht das Angebot von mit Sirup gefärbtem weißen Zucker bis zu Premium-Roh-Rohrzucker mit Karamell- und Lakritztönen. Der toll schmeckt, wenn man ihn über frisches Obst streut, aber auch nicht gesünder als weißer ist. Weswegen dieser als Allzwecksüße die Nr. 1 ist; fürs Karamelligere kann man sich noch einen guten braunen Rohrzucker zulegen.

DIE EINSTEIGER-WOCHE

Kochen können
geht schon.
Aber Kochen mögen,
wie geht das denn?

MIT KLEINEN WUNDERN.

Was sind denn bitte kleine Wunder?

Kleine Wunder sind Rezepte, die simpel, schnell und sensationell sind wie zum Beispiel das Pesto-Rührei auf Seite 26: Eier sanft in der Pfanne rühren, Pinienkerne, Basilikum und Parmesan dazu, und dann gleich mit einem Stück Ciabatta genießen. So was macht zum Einstieg erst mal Mut und Lust aufs Kochen und ist eine gute Basis für alles, was noch kommt!

Einkaufszettel

fürs Wochenende

Gemüse und Obst

- 1 schön reife Avocado
- 2–3 Möhren (etwa 250 g)
- 150 g Zuckerschoten
- 6 Lauchzwiebeln
- 1 kleine Orange
- 1 Bio-Zitrone
- 1 Bund Schnittlauch

Aus der Kühltheke

- 100 g Forellen- oder Lachskaviar
- 5 Hähnchenbrustfilets (etwa 750 g)

Aus dem Regal

- 500 g Spaghetti
- 1 Dose Kokosmilch (400 g)
- 1 Glas Gemüsebrühe oder Gemüsefond (mind. 300 ml)
- 4 Eier (Größe M)

Schon in der Küche:

Meersalz, schwarzer Pfeffer in der Mühle, Zucker, gemahlener Zimt, 6 TL Lieblings-Currypulver, 1 TL edelsüßes Paprikapulver, 1 TL mittelscharfer Senf, 1 EL Butter, 100 ml Olivenöl

Einkaufszettel

für die Woche

Gemüse und Obst

- 250 g Kirschtomaten
- 1 Bund Radieschen
- 4 Lauchzwiebeln
- 1 rote Zwiebel
- 1 Knoblauchknolle
- 1 Zitrone
- 2 Limetten (möglichst gelb, dann sind sie reifer)
- 2 Bund Petersilie
- 1 Bund Minze
- 1 Bund Basilikum
- 3 Bund Koriandergrün
- 1 Bund frischer Oregano

Aus der Kühltheke

- 1,2 kg weißes, festes Fischfilet (z. B. Kabeljau oder Rotbarsch), das nicht zu flach und möglichst am Stück ist
- 50 g Parmesan am Stück

Aus dem Regal

- 250 g Bulgur (grober Weizengrieß, gibt's im türkischen Lebensmittelhandel)
- geschälte Pistazienkerne (mind. 50 g)
- Pinienkerne (mind. 2 EL)
- grünes Curryöl (Seite 33)
- 2 Eier (Größe M)

Wohlfühl
SAMSTAG

Spaghetti mit Avocado und Kaviar

Ein Gericht, das alles hat: Glamour, ohne zu blenden, und Stil, ohne zu stressen. Und dabei ist es so kinderleicht, dass man es auf dem Campingplatz kochen kann – auch wenn ein Candle-Light-Dinner ihm mindestens genauso gut steht.

ZUTATEN FÜR 4 PERSONEN

1 kleine Orange
1 schön reife Avocado
500 g Spaghetti
Meersalz
1 Bund Schnittlauch
100 g Forellen- oder Lachskaviar
4 EL Olivenöl
frisch gemahlener schwarzer Pfeffer

Zubereitungszeit: 20 Minuten
Pro Portion ca. 720 kcal

1 In einem großen Topf reichlich Wasser für die Nudeln zum Kochen bringen. Inzwischen die Orange auspressen. Die Avocado von der Spitze her bis zum Stein einschneiden, dann das Messer rundherum am Stein entlangführen, bis sie halbiert ist. Die Hälften gegeneinanderdrehen, sodass sie sich voneinander lösen. Das Fruchtfleisch mit einem Löffel aus der Schale holen, würfeln und mit dem Orangensaft in einer Schüssel mischen.

2 Die Spaghetti und 2 TL Meersalz ins kochende Wasser geben und umrühren. Dann die Spaghetti nach Packungsangabe bissfest garen, dabei immer wieder rühren. Inzwischen den Schnittlauch waschen, trocken schütteln und aufs Brett legen. Das obere Drittel des Bunds abschneiden und neben die unteren zwei Drittel legen. Nun den Schnittlauch in Röllchen schneiden und samt dem Kaviar und dem Olivenöl behutsam mit den Avocadowürfeln vermischen.

3 Ein Nudelsieb in eine große Servierschüssel und diese in die Spüle stellen. 1 Minute vor dem Ende der angegebenen Spaghetti-Garzeit eine Nudel aus dem Wasser fischen und reinbeißen. Ist sie noch etwas hart, kurz weiterkochen und noch mal testen. Hat sie den richtigen Biss, Nudeln ins Sieb schütten. Sieb herausheben, das Kochwasser aus der nun vorgewärmten Schüssel gießen und die tropfnassen Nudeln hineingeben. Die Avocado-Kaviar-Mischung mit zwei Gabeln untermengen und mit Meersalz und Pfeffer abschmecken. Gleich servieren – ohne Parmesan, bitte!

Wohlfühl
SONNTAG

Hähnchenbrust mit Currygemüse

Große Braten – große Kochkunst, kleine Braten – kleine Wunder. Nach diesem Motto wagen wir uns gleich am ersten Sonntag an einen Klassiker des Kochens.

ZUTATEN FÜR 4 PERSONEN
+ EIN ZAUBERESSEN AM MONTAG!

6 TL Lieblings-Currypulver
Meersalz
5 Hähnchenbrustfilets (etwa 750 g)
2–3 Möhren (etwa 250 g)
150 g Zuckerschoten
6 Lauchzwiebeln
1 Dose Kokosmilch (400 g)
2 EL Öl
1 Prise Zucker
1 Bio-Zitrone
300 ml Gemüsebrühe

Zubereitungszeit: 30 Minuten
Garzeit: 15 Minuten
Pro Portion ca. 310 kcal

1 2 TL Currypulver mit ½ TL Meersalz mischen. Die Hähnchenbrustfilets damit einreiben und 15 Minuten zugedeckt in den Kühlschrank stellen. Inzwischen die Möhren schälen, längs halbieren und quer in dünne Scheiben schneiden. Die Zuckerschoten waschen und abtropfen lassen – falls nötig, die Enden abknipsen. Lauchzwiebeln waschen, Wurzel und dunkles Grün abschneiden, den Rest schräg in Röllchen schneiden.

2 Den Ofen auf 175 °C (Umluft 160 °C) vorheizen. Die Dose mit der Kokosmilch öffnen – oben sitzt der Rahm. Davon 2 EL mit dem Öl in einer großen Pfanne erhitzen. Die Filets bei mittlerer Hitze auf jeder Seite 1–2 Minuten hellbraun anbraten, dann mit dem Saft vom Anbraten in eine ofenfeste Form geben.

3 2 EL Kokosrahm mit dem Gemüse, dem übrigen Currypulver und dem Zucker in die Pfanne geben. Die Zitrone heiß waschen, abtrocknen und die Schale fein über das Gemüse reiben. Alles 5 Minuten unter Rühren dünsten. Das Gemüse leicht salzen, restliche Kokosmilch und Gemüsebrühe einrühren. Einmal aufkochen und über die Filets geben. Die Form auf den Rost (mittlere Schiene) in den heißen Ofen stellen. Die Filets 15 Minuten garen und öfters mit der Sauce beschöpfen.

4 Die Form herausholen. 3 Filets auf einem Teller im abgeschalteten Ofen warm halten – die anderen sind für Montag. Den übrigen Zitronensaft zum Gemüse pressen, salzen. Filets schräg in Scheiben schneiden und mit je zwei Dritteln des Gemüses und der Sauce servieren. (Der Rest ist für Montag.) Mit Reis oder Nudeln servieren.

Zauber MONTAG

Auflauf mit Huhn

Erste Zaubervorstellung für Kochmuffel: Das, was vom Wochenende übrig blieb, wird in was Feines mit Huhn aus dem Ofen verwandelt. Chapeau!

ZUTATEN FÜR 4 PERSONEN

2 gegarte Hähnchenbrustfilets vom Sonntag
übriges Gemüse und übrige Sauce vom Sonntag
1 TL mittelscharfer Senf
1 TL edelsüßes Paprikapulver
4 Eier
eventuell Meersalz
etwas Butter für die Form

Zubereitungszeit: 20 Minuten
Backzeit: 30 Minuten
Pro Portion ca. 255 kcal

1 Den Ofen auf 200 °C vorheizen (Umluft 180 °C). Die Hähnchenbrustfilets in gut 1 cm große Würfel schneiden.

2 Das Gemüse und die Sauce vom Sonntag mit den Hähnchenwürfeln, Senf, Paprikapulver und den Eiern verrühren und falls nötig noch ein wenig salzen. Eine ofenfeste Form mit etwas Butter fetten. Die Masse einfüllen und glatt streichen.

3 Die Form auf den Rost (mittlere Schiene) in den heißen Ofen stellen. Den Auflauf 25–30 Minuten backen, bis er schön goldgelb aufgegangen ist. Gleich essen.

Dazu schmeckt Vollkornbaguette.

URSULA:
„Der ist ja ganz schön leicht."

SEBASTIAN: „Und das, obwohl es ein Auflauf ist!"

Entdecker DIENSTAG

Taboulé très bien

Der Bulgursalat aus Nordafrika ist auch in Frankreich sehr beliebt. Deswegen gibt es ihn hier „très bien" (= sehr gut) mit noch ein paar feinen Extras drin.

ZUTATEN FÜR 4 PERSONEN

250 g Bulgur
4 Lauchzwiebeln
Meersalz
gemahlener Zimt
50 g geschälte Pistazienkerne
2 Bund Petersilie
6 Stängel Minze
250 g Kirschtomaten
Saft von ½ Zitrone
frisch gemahlener schwarzer Pfeffer
Olivenöl nach Wunsch

Zubereitungszeit: 25 Minuten
Pro Portion ca. 325 kcal

1 Den Bulgur in eine große Schüssel geben. ½ l Wasser aufkochen, über den Bulgur gießen und zugedeckt 20 Minuten quellen lassen. Lauchzwiebeln waschen, von den Wurzelbüscheln und dem dunklen Grün befreien und in feine Ringe schneiden. Die Zwiebelringe mit Meersalz und 1 kräftigen Prise Zimt vermischen und ziehen lassen.

2 Die Pistazien in einer Pfanne ohne Fett in 2–3 Minuten rösten, dabei die Pfanne öfters rütteln und am Ende aufpassen, denn da werden die Pistazien schnell zu dunkel. Aus der Pfanne in eine Schüssel geben und mit 1 Prise Zimt vermischen. Die Kräuter waschen und trocken schütteln, die Blätter abzupfen und grob hacken. Die Tomaten waschen, putzen und vierteln.

3 Den Bulgur abgießen, gut ausdrücken und mit den Pistazien, Kräutern, Lauchzwiebeln und Tomaten vermischen, dabei auch den Zitronensaft und reichlich Pfeffer untermengen. Falls nötig, noch salzen. Das Taboulé gleich servieren – wer mag, träufelt Olivenöl drüber.

Entdecken: Nüsse, Kerne & Samen

Ob Pistazien, Mandeln oder Cashewnüsse, Hasel-, Erd- oder Walnüsse, Sonnenblumen-, Kürbis- oder Pinienkerne, Sesam, Mohn oder Kokos – Nüsse, Kerne und Samen geben vielen Speisen mehr Geschmack, Gehalt und Gesundes, da sie reich an ungesättigten Fettsäuren, gutem Eiweiß und B-Vitaminen sind. Um ihr Aroma zu steigern, werden sie in der Pfanne langsam geröstet, bis sie duften. Nach dem Öffnen der Packung am besten luftdicht in Gläsern oder Boxen im Kühlschrank lagern.

Basic
MITTWOCH

Pesto-Rührei

Grundkurs Ei, die Erste: Wie ich ein schön saftiges Rührei mache. Wichtigste Lektion: das Ei nicht zu viel rühren. Dann wird es fast von selbst gut.

ZUTATEN FÜR 1 RÜHREI

2 Eier
Meersalz
1–2 EL Pinienkerne
2–3 Stiele Basilikum
1 TL Olivenöl
½ Knoblauchzehe
2 EL geriebener Parmesan

Zubereitungszeit: 10 Minuten
Pro Portion ca. 350 kcal

1 Die Eier samt 1 Prise Meersalz mit einer Gabel verkleppern, aber nicht zu kräftig schlagen oder schaumig rühren – dann werden sie leicht trocken. Beiseitestellen. Die Pinienkerne in einer Pfanne ohne Fett bei mittlerer Hitze goldbraun anrösten, dabei die Pfanne öfters rütteln. Das dauert etwa 1 Minute. Pinienkerne aus der Pfanne nehmen und auf einem Teller abkühlen lassen. Das Basilikum abbrausen und trocken schütteln, die Blätter abzupfen.

2 Das Öl mit der halben Knoblauchzehe in der Pfanne sanft erhitzen. Den Knoblauch wieder rausnehmen, das Rührei hineingießen und kurz anstocken lassen. Jetzt die Pinienkerne und das Basilikum darüberstreuen und mit einem Holzspatel oder -löffel sanft rühren – immer da, wo das Ei noch besonders flüssig ist.

3 Sobald das Ei beginnt, stückig zu werden, den Parmesan darüberstreuen. Die „Ei-Schollen“ in der Mitte zusammenschieben und die Pfanne vom Herd ziehen – das Ei darf ruhig noch ein paar feuchte Stellen haben, die jetzt in 1 Minute Ruhezeit gerade richtig werden. Dann gleich essen – mit geröstetem Knoblauchbrot oder einfach mit Vollkornbrot.

Fisch
DONNERSTAG

Grüner Curryfisch aus dem Ofen

Keine Angst vor großen Fischen, wenn sie als Filet in den Ofen kommen. Dort gibt ihnen selbst gemachtes Curryöl Schutz und Aroma. Aber bitte: Fisch rausholen, wenn er noch leicht glasig ist – dann schmeckt er am saftigsten.

ZUTATEN FÜR 4 PERSONEN
+ EIN ZAUBERESSEN AM FREITAG!

3 Bund Koriandergrün
Meersalz
4 EL grünes Curryöl (Seite 33)
4 EL Olivenöl
1 Limette
1,2 kg weißes, festes Fischfilet (z. B. Kabeljau oder Rotbarsch), das nicht zu flach und möglichst am Stück ist

Zubereitungszeit: 10 Minuten
Marinierzeit: 30 Minuten
Garzeit: 20 Minuten
Pro Portion ca. 310 kcal

1 Den Koriander waschen und trocken schütteln, die Blätter abzupfen, hacken und mit ½ TL Meersalz und den beiden Ölen vermischen. Die Limette auspressen und den Saft mit dem grünen Curryöl verrühren.

2 Die Fischfilets der Länge nach in 4–5 cm dicke Streifen schneiden. Diese in eine ofenfeste Form legen und das grüne Curryöl dazugeben. Den Fisch darin wenden, bis er rundum mit dem Öl überzogen ist. 30 Minuten im Kühlschrank durchziehen lassen. Inzwischen den Ofen auf 200 °C vorheizen (Umluft 180 °C).

3 Die Form auf den Rost (mittlere Schiene) in den heißen Ofen stellen und den Fisch 15–20 Minuten garen. Ein Drittel des grünen Curryfisches für Freitag zur Seite stellen, den Rest gleich servieren. Dazu die Lorbeerkartoffeln (Seite 32) reichen.

Zauber FREITAG

Falsche Ceviche

Für echte Ceviche wird roher Fisch in Zitrussaft gebeizt, was aber am Einkaufsfreitag zu lange dauert. Darum wird der Curryfisch vom Donnerstag edel angemacht, und fertig ist die falsche, aber feine Ceviche.

ZUTATEN FÜR 4 PERSONEN

übriger Curryfisch vom Donnerstag
1 Limette
1 rote Zwiebel
Meersalz
1 TL frisch gehackter Oregano
8 Radieschen samt Grün
2 EL grünes Curryöl (Seite 33)

Zubereitungszeit: 20 Minuten
Pro Portion ca. 175 kcal

1 Den Curryfisch in dünne Scheiben schneiden und auf einer großen Platte anrichten. Die Limette auspressen und die Hälfte vom Saft über den Fisch träufeln.

2 Die rote Zwiebel schälen, halbieren und die Hälften quer in feine Streifen schneiden. Diese mit ¼ TL Meersalz und dem Oregano mischen und über dem Fisch verteilen.

3 Die Radieschen gründlich waschen, die Blätter abzupfen und ohne die Stiele grob hacken. Die Radieschen in Scheiben schneiden und beides über dem Fisch verteilen.

4 Den übrigen Limettensaft darübergeben, das Ganze mit dem Curryöl beträufeln und alles behutsam mischen. Gleich mit geröstetem Brot oder Fladenbrot servieren.

URSULA:

„Von wegen falsch – ich find' das fein."

Wie mach ich … ?

Lorbeerkartoffeln

Warum immer nur Salz an die Kartoffeln machen? Starke Aromen wie Lorbeer oder Knoblauch machen aus Salzkartoffeln was Besonderes.

- Passt gut zu Fisch (z. B. zum Curryfisch, Seite 29), zu Fleisch und Geflügel (z. B. Hähnchenbrust mit Currygemüse, Seite 20) oder Gemüse.

- Je nach Rezept können auch noch andere kräftige Kräuter wie Rosmarin, Thymian oder Salbei sowie Gewürze wie Anis, Fenchel oder Safran den Kick geben.

So wird's gemacht: Für 4 Personen als Beilage **700 g vorwiegend festkochende Kartoffeln** schälen und je nach Größe der Länge nach halbieren oder vierteln. **1 Knoblauchzehe** schälen und halbieren. **2 Lorbeerblätter** waschen.

Alles in einen Topf geben, mit **½ TL Meersalz** bestreuen und mit warmem Wasser knapp bedecken. Schnell zum Kochen bringen und dann bei kleiner Hitze in 12–15 Minuten bissfest kochen. Von den Kartoffeln mit einem schräg aufgelegten Deckel das Wasser abgießen, die Kartoffeln noch kurz auf dem ausgeschalteten Herd ohne Deckel ausdampfen lassen. Lorbeer entfernen – aber wer mag, kann die Knoblauchzehe mit einer Gabel zerdrücken und untermischen.

Curryöl

Ideal, wenn man wie Ursula Karven frische Currys richtig gerne mag, der Rest am Tisch aber was gegen Schärfe hat.

- Da die Paste schon vorgeröstet worden ist, kann das Curryöl direkt am Tisch eingerührt werden.
- Toll ist es auch zum Marinieren wie beim Curryfisch (Seite 29) oder bei der falschen Ceviche (Seite 30).
- Mit grüner Paste passt es gut zu hellem Fleisch, Fisch und grünem Gemüse, mit roter zu dunklem Fleisch und Sonnengemüse wie Tomaten.
- Verschlossen hält es vier, offen zwei Wochen im Kühlschrank.

So wird's gemacht: Für ½ Liter Curryöl **1 nussgroßes Stück frischen Ingwer** schälen, in feine Scheiben und dann in Streifen schneiden. **4 Knoblauchzehen** schälen und würfeln. **6 Lauchzwiebeln** waschen, vom Wurzelbüschel und vom dunklen Grün befreien, längs halbieren und in feine Ringe schneiden. **2 Bio-Limetten** heiß waschen, abtrocknen und die Schale dünn abreiben, den Saft für den nächsten Cocktail verwenden.

Alle vorbereiteten Zutaten mit **5 EL Pflanzenöl**, **50 g grüner oder roter Currypaste** aus dem Asienladen und **2 TL braunem Zucker** in einem Topf verrühren und bei kleiner Hitze 5 Minuten unter Rühren rösten. **½ l Pflanzenöl** (z. B. Sonnenblumenöl) dazugießen, verrühren und den Topf vom Herd ziehen. Das Gewürzöl abkühlen lassen, in eine Flasche mit Schraubverschluss füllen und gut verschlossen aufheben.

EINE SALATSAUCE MACHEN

Erst schneiden: Gewürfelte Zwiebeln geben der Salatsauce würzige Basis – milder sind Schnittlauch oder Lauchzwiebeln, raffinierter Schalotten. Dazu gehackte Kräuter: Petersilie, Dill, Basilikum, Estragon, Kerbel, Minze oder Koriander.

Dann rühren: Nun kommt Säure dazu – für 1 Salatkopf für 4 Esser 2–3 EL guten Essig (bei Zitronensaft etwas weniger). Jetzt kräftig Meersalz und frisch gemahlenen Pfeffer, wer mag, 1 Prise Zucker und dann nach Geschmack Senf oder Honig oder Sojasauce dazu. Dies kurz ziehen lassen.

Und vollenden: Auf 1 Teil Saures kommen 2 Teile Mildes. Klassisch 4–6 EL Öl, das zum Schluss eingerührt wird – dann verbindet die Sauce sich besser, und das Öl unterbindet nicht die Entfaltung der Aromen. Es kann zum Teil oder ganz ersetzt werden durch Sahne, süßliche Säfte oder Brühe.

DIE ZWEISTEIGER-WOCHE

Ist ja ganz süß. Aber was kommt als Nächstes?

HANDARBEITEN. UND IMMER SCHÖN NACH VORNE SCHAUEN.

Und was genau sind denn nun Zweisteiger?

Zweisteiger sind Leute, die auf Wunder gleich Taten folgen lassen und es anpacken. Solche, die mehr vom Kochen wollen als Nudeln, Hühnerbrust und Rührei. Es sind Köchinnen und Köche, die als Nächstes den Grill beflügeln, Lachs dämpfen und Eier perfekt kochen, die sie dann am nächsten Tag noch gratinieren. Zweisteiger sind Leute, die beim Einstieg erst so richtig Appetit bekommen. Also Menschen wie du und ich.

Einkaufszettel
fürs Wochenende

Gemüse und Obst
- 600 g Austernpilze
- 1 Staudensellerie
- 3 Lauchzwiebeln
- 1 Handvoll Sojasprossen oder 100 g Mais aus der Dose
- 2 Zwiebeln
- 1 Knoblauchzehe
- 100 g frischer Ingwer
- 2 Bio-Zitronen
- 1 Bund Basilikum
- 1 Bund Schnittlauch

Aus der Kühltheke
- 500 g frischer Lachs
- 1 kg Hähnchenflügel
- 500 g Naturjoghurt

Aus dem Regal
- scharfes Paprikapulver (mind. 2 EL)
- 1 Zimtstange
- Langkornreis (mind. 400 g)
- 1 Flasche Tomatenketchup

Schon in der Küche:

Meersalz, schwarzer Pfeffer in der Mühle, Zucker, 3 EL mildes Currypulver, ½ TL Kaffeepulver, 2 Lorbeerblätter, 2 EL mittelscharfer Senf, 1 TL Honig nach Geschmack, 1 EL Balsamico-Essig, 6 EL Sojasauce, 100 ml Olivenöl, 200 ml Pflanzenöl

Einkaufszettel
für die Woche

Gemüse und Obst
- 1 Hokkaidokürbis (etwa 1,5 kg)
- 2–3 kleine Zucchini
- 1 kleiner Blumenkohl (etwa 500 g)
- 2–3 Möhren (etwa 250 g)
- 400 g vorwiegend festkochende Kartoffeln (am besten neue)
- 2 Lauchzwiebeln
- 2 Knoblauchzehen
- 2 kleine rote Chilischoten
- 1 Bio-Zitrone
- 2 Bio-Orangen
- 1 Bund Petersilie

Aus der Kühltheke
- 500 g fester Tofu (aus dem Bio- oder Asienladen)
- 250 g tiefgekühlte Erbsen
- 200 g Parmesan am Stück
- Sahne (mind. 100 g)

Aus dem Regal
- 1 Dose stückige Tomaten (400 g)
- 1 kleine Dose Mais (Abtropfgewicht 140 g)
- Zwieback (mind. 3 Scheiben)
- Kürbiskerne (mind. 3 EL)
- 1 Päckchen getrockneter Oregano
- Tomatenmark (mind. 1 EL)
- 12 Eier (Größe M)

Grill
SAMSTAG

BBQ-Chicken-Wings und Austernpilze

Wer's animalisch, aber mild mag, grillt sich heute Hähnchen, für wilde Vegetarier gibt's Pilze in süß-scharfer Marinade – mit Kaffee drin!

ZUTATEN FÜR 4 PERSONEN

1 kg Hähnchenflügel
600 g Austernpilze

Für die milde Marinade
1 Bio-Zitrone
2 Zwiebeln
1 Knoblauchzehe
1 haselnussgroßes Stück Ingwer
500 g Naturjoghurt
3 EL mildes Currypulver
1 TL Meersalz

Für die wilde Marinade
1 EL Balsamico-Essig
1 EL Sojasauce
1 TL Honig
2 EL Tomatenketchup
5 EL Öl
2 EL scharfes Paprikapulver
½ TL Kaffeepulver

Und: Zitronenschnitze zum Servieren

Zubereitungszeit: 20 Minuten
Marinierzeit: 8 Stunden
Grillzeit: höchstens 20 Minuten
Pro Portion ca. 390 kcal

1 Die Hähnchenflügel im Sieb mit kaltem Wasser abspülen, abtropfen lassen und mit Küchenpapier gut trocken tupfen. Die Austernpilze trocken säubern, falls nötig zerteilen, am besten bearbeitet man sie aber ganz.

2 Für die milde Marinade die Zitrone heiß waschen, abtrocknen, die Schale in eine Schüssel dünn abreiben, Saft dazupressen. Zwiebeln, Knoblauch und Ingwer schälen und würfeln, zusammen mit Joghurt, Currypulver und Meersalz zur Zitrone geben und mit dem Pürierstab pürieren. Die Hähnchen darin wenden, abdecken und am besten über Nacht in den Kühlschrank stellen.

3 Am nächsten Tag für die wilde Marinade alle Zutaten in einer großen Schüssel verrühren und die Austernpilze darin wenden. 15 Minuten ziehen lassen.

4 Den Grill anheizen – braucht's dazu Holzkohle, findet sich bestimmt jemand Nettes, der das gut kann und gerne macht. Inzwischen die Hähnchenflügel und Pilze aus ihren Marinaden fischen und falls nötig etwas abtropfen lassen. Den Grillrost mit etwa 20 cm Abstand zur Glut einlegen und heiß werden lassen (bei Gas auf mittlere Hitze drehen) und die Hähnchenflügel drauflegen.

5 Die Hähnchenflügel unter mehrmaligem Wenden in 15–20 Minuten knusprig grillen. Die Austernpilze auf jeder Seite 3–4 Minuten grillen. Beides mit Zitronenschnitzen servieren.

Dazu schmeckt Mango-Ketchup (Seite 52), außerdem Baguette und ein gemischter Salat.

Basic
SONNTAG

Pilaw mit gedämpftem Kräuterlachs

Das ist die wohl simpelste Methode, Reis so zu garen, dass er am Ende locker ist und richtig gut schmeckt. Danach will man es nie mehr anders machen.

ZUTATEN FÜR 4 PERSONEN
+ EIN ZAUBERESSEN AM MONTAG!

500 g frischer Lachs
1 Bund Basilikum
1 Bund Schnittlauch
1 TL mittelscharfer Senf
Meersalz
Zucker
4 EL Öl
1 Zimtstange
2 große Tassen Langkornreis (entspricht etwa 400 g)
1 Lorbeerblatt

Zubereitungszeit: 35 Minuten
Pro Portion ca. 525 kcal

1 Den Lachs in 3–4 cm große Stücke schneiden und in eine Schüssel legen. Kräuter waschen und trocken schütteln. Basilikumblätter abzupfen und hacken, vom Schnittlauch die Spitzen abschneiden, neben den übrigen Schnittlauch legen und alles in Röllchen schneiden. Kräuter mit Senf und je 1 kräftigen Prise Meersalz und Zucker verrühren und gut mit dem Lachs vermischen. Abgedeckt in den Kühlschrank stellen.

2 Für den Pilaw das Öl in einem weiten Topf erhitzen. Die Zimtstange in Stücke brechen und mit dem Reis ins heiße Öl geben. Den Reis bei mittlerer Hitze 2–3 Minuten andünsten, sodass die Körner glänzen und leicht durchsichtig sind – aber nicht braun!

3 1 TL Salz und das Lorbeerblatt zugeben und 3 Tassen Wasser (etwa 600 ml) dazugießen – man nimmt beim Pilaw 1 ½ Tassen Wasser auf 1 Tasse Reis. Das Wasser zum Kochen bringen, nicht rühren. Den Reis zugedeckt bei kleiner Hitze 10 Minuten leise köcheln lassen. Auch jetzt: nicht rühren, dann ist er zum Schluss schön locker.

4 Nach 10 Minuten sollte die Flüssigkeit aufgesogen sein, und an der Oberfläche des Reises hat der Dampf Löcher gebildet, darauf die Lachsstücke mit der Marinade verteilen. Noch mal Deckel drauf und weitere 15 Minuten auf der ausgeschalteten Herdplatte ziehen lassen.

5 Den Lachs herausheben, den Reis mit einer Gabel auflockern, die Hälfte für Montag herausnehmen und die andere Hälfte auf Teller verteilen, Lachs darauf anrichten, gleich servieren.

Zauber MONTAG

Gebratener Asia-Reis

Perfekt zum Zaubern, denn es funktioniert nur mit Reis vom Vortag – frischer würde klumpen und kleben. Schmeckt mit fast allem Gemüse und auch mit Früchten. Einfach ausprobieren.

ZUTATEN FÜR 4 PERSONEN

4 Stangen Staudensellerie
3 Lauchzwiebeln
1 Handvoll Sojasprossen oder 100 g Mais aus der Dose
1 walnussgroßes Stück Ingwer
6 EL Öl
400 g gegarter Reis vom Sonntag (aus 200 g rohem Reis)
2 EL Sojasauce
eventuell Meersalz
2 Eier

Zubereitungszeit: 30 Minuten
Pro Portion ca. 375 kcal

1 Den Staudensellerie waschen und von den groben Blättern befreien, die feinen Blätter hacken. Die Stangen quer in dünne Scheiben schneiden. Die Lauchzwiebeln waschen, vom dunklen Grün und den Wurzelbüscheln befreien und schräg in Scheiben schneiden. Die Sprossen bzw. den Mais in ein Sieb geben, abbrausen und abtropfen lassen. Ingwer schälen, in Scheiben und dann in Stifte schneiden.

2 Einen Wok oder eine große Pfanne stark erhitzen und darin 1 EL Öl kreisen lassen, bis es fast raucht. Abgießen und nun 2 EL Öl darin erhitzen. Den gekochten Reis darin unter ständigem Rühren 2–3 Minuten braten und wieder herausnehmen.

3 Das übrige Öl im Wok erhitzen. Lauchzwiebeln und Ingwer darin 30 Sekunden unter Rühren braten. Dann den Staudensellerie dazugeben und in 1–2 Minuten bissfest braten, dabei ständig rühren.

4 Jetzt den Herd auf mittlere Hitze stellen und das Gemüse mit Sojasauce und 2 EL Wasser ablöschen. Den Reis dazugeben und unter Rühren erhitzen. Falls nötig, mit Salz abschmecken. Die Eier verquirlen und zum Reis geben. Alles verrühren und noch kurz garen, sodass die Eier gerade gestockt, aber nicht trocken sind. Gleich servieren.

Entdecker
DIENSTAG

Tofu mit TOL-Sauce

„T-O-L" steht für Tomate, Orange und Lorbeer. Mit Hackfleischbällchen drin ist es pures Comfort-Food, mit Tofu drin ist es aber genauso toll für Veggies.

ZUTATEN FÜR 4 PERSONEN

2 Bio-Orangen
2 Knoblauchzehen
2 kleine rote Chilischoten
500 g fester Tofu
3 EL Sojasauce
3 EL Öl
1 EL Tomatenmark
1 Dose stückige Tomaten (400 g)
1 Lorbeerblatt
Meersalz
1 Prise Zucker

Zubereitungszeit: 50 Minuten
Pro Portion ca. 210 kcal

1 Die Orangen heiß waschen und abtrocknen, von ½ Orange die Schale dünn abreiben. Knoblauch schälen und fein würfeln. Die Chilischoten waschen, putzen und der Länge nach halbieren, nach Wunsch mit der Messerspitze die Kerne herausschaben, dann wird es nicht so scharf. Hände gut waschen, damit nichts Scharfes ins Auge kommt.

2 Den Tofu trocken tupfen und in gut 2 cm große Würfel schneiden. Die Orangenschale mit je der Hälfte des Knoblauchs und der Chilischoten in eine große Schüssel geben und mit der Sojasauce verrühren. Die Tofuwürfel damit vermischen und 5 Minuten zur Seite stellen. Inzwischen die Orangen mit einem Messer so schälen, dass auch das Weiße abgeht, und klein schneiden.

3 In einer großen Pfanne 2 EL Öl erhitzen. Die Tofuwürfel gut abtropfen lassen und darin bei mittlerer Hitze 2–3 Minuten rundum gleichmäßig anbraten.

4 Den Tofu aus der Pfanne nehmen und im Bratsatz übrigen Knoblauch und Chili mit Tomatenmark und restlichem Öl 1 Minute braten. Orangenstücke, Tomaten aus der Dose und Lorbeer zugeben, mit Meersalz und Zucker würzen und 20 Minuten köcheln lassen. Tofu reinsetzen und zugedeckt noch 5 Minuten bei kleiner Hitze köcheln lassen. Auf Schüsseln oder Teller verteilen und mit Brot servieren.

Basic
DONNERSTAG

Bunte Gemüsesuppe mit Ei

Grundkurs Gemüsekochen: immer das zuerst in den Topf, das am längsten braucht. Grundkurs Eierkochen: kalt aufsetzen, dann platzen sie nicht auf.

ZUTATEN FÜR 4 PERSONEN
+ EIN ZAUBERESSEN AM FREITAG!

1 kleiner Blumenkohl (etwa 500 g)
1 kleine Dose Mais (Abtropfgewicht 140 g)
1 Bund Petersilie
1 EL mittelscharfer Senf
2–3 Möhren (etwa 250 g)
400 g vorwiegend festkochende Kartoffeln
12 Eier
Meersalz
250 g tiefgekühlte Erbsen
100 g Sahne
frisch gemahlener schwarzer Pfeffer

Zubereitungszeit: 45 Minuten
Pro Portion ca. 480 kcal

1 Den Blumenkohl aufs Brett legen und mit einem Messer den Strunk großzügig schräg herausschneiden, sodass sich die Blätter lösen. Den Kohl in so große Röschen teilen, dass sie gut auf einen Suppenlöffel passen. Im Sieb mit kaltem Wasser abbrausen.

2 Den Mais in ein Sieb gießen, abbrausen und abtropfen lassen. Die Petersilie waschen und trocken schütteln, die Blätter abzupfen, hacken und mit dem Senf vermischen. Die Möhren putzen und schälen, dann der Länge nach halbieren und in Scheiben schneiden. Die Kartoffeln waschen, schälen, halbieren und ebenfalls in Scheiben schneiden.

3 Die Eier in einen Topf legen und mit kaltem Wasser bedecken. Dies zum Kochen bringen und ab dann die Eier 5 Minuten kochen lassen – dann ist das Eiweiß gestockt und der Dotter noch leicht flüssig (für weiche Eier: 2 Minuten ab dem Kochen; harte Eier: 8 Minuten). Eier abgießen. 8 Eier abkühlen lassen und für Freitag in den Kühlschrank legen. Die anderen 4 Eier pellen, halbieren und auf vier Suppenschalen verteilen.

4 In einem großen Topf 2 l Wasser aufkochen und 1 TL Salz dazugeben. Möhren und Kartoffeln hineingeben und 5 Minuten kochen lassen. Blumenkohl, Mais und Erbsen dazugeben etwa 5 Minuten mitkochen lassen, bis die Gemüse bissfest sind. Sahne zugeben und die Petersilien-Senf-Mischung einrühren. Mit Meersalz und Pfeffer abschmecken und die Suppe mit den halbierten Eiern anrichten. Gleich servieren. Dazu schmeckt Roggenbrot.

Zauber FREITAG

Eiergratin mit Parmesan

Das macht die italienische Oma, wenn gekochte Eier vom Vortag übrig sind: ein paar in Scheiben schneiden, ein paar mit Parmesan und Olivenöl zerdrücken, das eine über dem anderen verteilen, fertig ist die Freitagsküche.

ZUTATEN FÜR 4 PERSONEN

2 Lauchzwiebeln
6 EL Olivenöl
1 TL getrockneter Oregano
Meersalz
frisch gemahlener schwarzer Pfeffer
etwas Zitronensaft
8 gekochte Eier vom Donnerstag
80 g frisch geriebener Parmesan
etwas Öl für die Form
3 Scheiben Zwieback

Zubereitungszeit: 30 Minuten
Pro Portion ca. 360 kcal

1 Die Lauchzwiebeln waschen, von den Wurzelbüscheln und vom dunklen Grün befreien und in Ringe schneiden. 2 EL Olivenöl in einem Töpfchen erhitzen, die Zwiebelringe und den Oregano darin 1 Minute dünsten. Mit Meersalz, Pfeffer und einem ordentlichen Spritzer Zitronensaft abschmecken.

2 Die Eier pellen. 2 Eier mit einer Gabel gut zerdrücken und mit dem Parmesan vermischen. Das übrige Olivenöl unterrühren, sodass eine flüssige Paste entsteht.

3 Den Ofen auf 225 °C (Umluft 200 °C) vorheizen. Eine flache ofenfeste Form mit Öl auspinseln, die Eier in Scheiben schneiden und in der Form auffächern. Die Lauchzwiebeln darüber verteilen. Den Zwieback grob zerbröseln und auf die Lauchzwiebeln streuen. Die Käsecreme darüber verteilen.

4 Die Form auf den Rost (mittlere Schiene) in den heißen Ofen stellen und das Gratin 10–15 Minuten garen, bis die Oberfläche leicht gebräunt ist.

Dazu schmeckt Roggenbrot.

Wie mach ich … ?

Mango-Ketchup

Die schöne Mango und der schnöde Ketchup? Doch, das geht, und zwar ganz schnell und sehr fein.

- Passt zu allem Gegrillten mit Kick, ganz besonders zu Huhn und Gemüse mit Asien- und Mittelmeeraroma.

So wird's gemacht: **1 Mango** aufs Brett legen, oben und unten am Stein entlang eine möglichst große Scheibe abschneiden und schälen. Die übrige Schale ebenfalls mit dem Messer entfernen und das Fruchtfleisch, das noch am Stein hängt, abschneiden. Alles Fruchtfleisch grob würfeln. **4 Lauchzwiebeln** waschen und putzen, Wurzelbüschel und dunkles Grün entfernen. Dann auf 10 cm Länge kürzen und wie das Mangofleisch in grobe Stücke schneiden. Mango und Lauchzwiebel mit **100 g Tomatenketchup**, **1 EL Sojasauce** und **1 EL Honig** sowie **1 Prise Meersalz** und **Cayennepfeffer** nach Lust fein mixen. Fertig.

Carrot Shot

Eine ganz schnelle und simple Suppe zum Trinken, weswegen sie auch in der Tasse oder noch besser im Glas serviert wird, worin sie wunderbar leuchtet.

- Sie ist prima beim Empfang von lieben Gästen, da sie belebt und wärmt zugleich, außerdem sorgt sie sofort für Gesprächsstoff.
- Und wenn man sonst eigentlich keinen Pürierstab braucht – hier ist er wichtig, um dem Shot seine Crema zu verleihen, die ihn so richtig zum Genuss macht.

So wird's gemacht: **2 Orangen** halbieren und den Saft auspressen. **3 EL Butter** in einem kleinen Topf aufschäumen lassen. **1 EL Currypulver** zur Butter geben und noch mal aufschäumen lassen. Jetzt wird mit **½ l Möhren-** und dem Orangensaft abgelöscht und das Ganze aufgekocht. Nun noch **1 EL Butter** in den Topf geben und den Carrot Shot mit dem Pürierstab an der Oberfläche aufschäumen. In Tassen oder Gläser füllen, mit Currypulver bestreuen und wie einen Espresso genüsslich schlürfen (wie auf Seite 36).

GEMÜSE VORBEREITEN

Waschen – so früh wie möglich: Also vor dem Schälen, Putzen, Schneiden, damit möglichst viele Nährstoffe im Gemüse bleiben. Und je zarter die Pflanze, desto rascher das Waschen – am besten unter fließendem Wasser im Sieb. Bei viel Sand an Radieschen oder Erde an Kartoffeln sehr gründlich in viel Wasser waschen.

Putzen – so viel wie nötig: Möhren müssen geschält und vom Grün befreit werden. Gurken muss man nicht immer schälen, bei Radieschen oder Fenchel schmeckt auch das Grüne. Im Zweifel einfach mal probieren. Tipp 1: Tüten oder Kartons vom Einkauf gleich für den Abfall nutzen.

Schneiden – nach Maß: Ob die Möhre 1 oder 2 cm dick geschnitten wird, liegt am Rezept. Hauptsache, man bleibt bei einer Größe pro Gemüse, damit alles gleichzeitig gar ist. Der Fortgeschrittene legt dabei mehrere Möhren nebeneinander – geht schneller und wird gleichmäßiger. Tipp 2: Abschnitte für Gemüsebrühe nutzen (Seite 73).

DIE BERGSTEIGER-WOCHE

No risk, no fun. Und eigentlich hab ich mir das schlimmer vorgestellt.

ALLES EINE FRAGE DER RUHE.

Wir sind jetzt schon Fortgeschrittene ...

... und darum wird's ein bisschen steiler – aber wir haben uns ja schon eingespielt. Und so bleibt auch Zeit, die tollen Aussichten fürs weitere Kochen zu genießen. Denn wer Tofu dämpfen, einen Zander gratinieren und aus Radieschen ein Curry machen kann, der ist reif für höhere Aufgaben. Wird langsam Zeit für ein Bergfest, oder?

Einkaufszettel

fürs Wochenende

Gemüse und Obst

- 2 Möhren (etwa 200 g)
- 400 g Kartoffeln
- 1 Staudensellerie
- 2 weiße Zwiebeln
- 1 Knoblauchknolle
- 1 Bund Rosmarin
- 1 Bund Petersilie

Aus der Kühltheke

- 5 Hähnchenbrustfilets (etwa 750 g)
- 600 g möglichst dickes Zanderfilet
- 150 g Parmesan am Stück
- Butter (mind. 100 g)
- Milch (mind. 150 ml)

Aus dem Regal

- Muskatnuss (im Ganzen)
- 500 g Pasta nach Wunsch
- 100 g gemahlene Haselnüsse
- 4 große Scheiben italienisches Weißbrot
- Tomatenmark (mind. 5 EL)
- Hühnerbrühe (mind. 150 ml, im Glas oder Pulver)
- trockener Rotwein oder Gemüsebrühe (mind. 150 ml)
- 4 Eier (Größe S)

Schon in der Küche:

Mehl, Meersalz, schwarzer Pfeffer in der Mühle, Zucker, 210 g Semmelbrösel, 3 Lorbeerblätter, 2 EL scharfer Senf, ½ TL Honig, 4 EL Sojasauce, je etwa 100 ml Pflanzenöl, Olivenöl und Sonnenblumenöl

Einkaufszettel

für die Woche

Gemüse und Obst

- 2 Bund Radieschen mit schönem Grün
- 1 Handvoll Sojasprossen
- 1,5 kg vorwiegend festkochende Kartoffeln
- 2 Salatgurken
- 1 Bund Lauchzwiebeln
- 1 Zwiebel
- 2 Schalotten
- 1 haselnussgroßes Stück Ingwer
- 1 Bio-Zitrone
- 1 großes Bund Basilikum (am besten Thai-Basilikum)
- 1 großes Bund Schnittlauch
- 1 Bund Dill
- 1 Bund Petersilie

Aus der Kühltheke

- 600 g Seidentofu (aus dem Bio- oder Asienladen mit Japan-Sortiment)
- 50 g kräftiger Schnittkäse am Stück (z. B. Emmentaler oder Gouda)

Aus dem Regal

- brauner Zucker (mind. 1 TL)
- helle Sesamsamen (mind. 2 EL)
- zarte Haferflocken (mind. 100 g)
- rote Currypaste (mind. 2 EL)
- Weißweinessig (mind. 4 EL)
- 2 Eier (Größe M)

Wohlfühl
SAMSTAG

Pasta Pollognese

DER Klassiker bei Karvens am Samstag. Ab jetzt mit selbst gehackter Hühnerbrust statt fertigem Putenhack. Daher Pollognese statt Putenbolognese.

ZUTATEN FÜR 4–6 PERSONEN
+ EIN ZAUBERESSEN AM MONTAG!

- 2 Möhren (200 g)
- 1 Zwiebel
- 2 Knoblauchzehen
- 2 Stangen Staudensellerie
- 1 Lorbeerblatt
- 1 Zweig Rosmarin
- 5 Hähnchenbrustfilets (etwa 750 g)
- Meersalz
- 5 EL Olivenöl
- 5 EL Tomatenmark
- 150 ml Hühnerbrühe
- 150 ml Milch
- 500 g Pasta nach Wunsch
- frisch gemahlener schwarzer Pfeffer
- frisch geriebene Muskatnuss
- 100 g frisch geriebener Parmesan

Zubereitungszeit: 40 Minuten
Garzeit: 30 Minuten
Pro Portion (bei 6) ca. 525 kcal

1 Die Möhren, die Zwiebel und den Knoblauch schälen, dann sehr fein würfeln. Sellerie waschen und putzen, die Stangen längs durchschneiden und quer in feine Scheiben schneiden. Lorbeer und Rosmarin waschen.

2 Die Hähnchenbrustfilets auf einem großen Brett längs in Streifen, dann quer in Würfel schneiden. Eine Hälfte zugedeckt beiseitestellen. Nun wird gehackt: mit einem oder zwei großen Messern wie ein Schlagzeuger über das Fleisch hacken, dabei die Fleischstücke immer wieder zusammenschieben. Nach 2 Minuten haben wir handgemachtes Hähnchenhack! Das übrige Fleisch ebenso hacken und alles mit 1 TL Meersalz mischen.

3 Im großen Topf das Olivenöl erhitzen und darin bei kleiner Hitze Gemüse, Zwiebeln und Knoblauch zugedeckt 5 Minuten dünsten. Das Tomatenmark bei mittlerer Hitze 2 Minuten anrösten. Brühe, Milch, Lorbeer, Rosmarin und Hähnchenhack dazugeben. Die Pollognese zugedeckt bei kleiner Hitze 30 Minuten kochen lassen.

4 Nach 20 Minuten 4–5 l Wasser aufkochen und 2 TL Meersalz dazugeben. Die Pasta darin nach Packungsangabe kochen, bis sie fast bissfest ist, in ein Sieb abgießen und abtropfen lassen.

5 Von der Pollognese ein Drittel für Montag abnehmen, den Rest mit den Nudeln mischen und diese in der Sauce noch 1 Minute garen. Mit Meersalz, Pfeffer und Muskat abschmecken, die Hälfte des Parmesans einrühren. Pasta Pollognese in eine Servierschüssel geben und mit dem übrigen Parmesan auf den Tisch stellen.

Fisch
SONNTAG

Zander mit Nusskruste

Flussfisch ganz fein für die ganze Familie: gratiniert mit Haselnüssen und Semmelbröseln, serviert auf einem Bett aus Kartoffeln und Sellerie.

ZUTATEN FÜR 4 PERSONEN

1 kleine weiße Zwiebel
1 Bund Petersilie
100 g Butter
60 g Semmelbrösel
100 g gemahlene Haselnüsse
Meersalz
frisch gemahlener schwarzer Pfeffer
4 Stangen Staudensellerie
400 g Kartoffeln
1 TL Zucker
150 ml trockener Rotwein (oder Gemüsebrühe)
600 g möglichst dickes Zanderfilet

Zubereitungszeit: 40 Minuten
Garzeit: 20 Minuten
Pro Portion ca. 620 kcal

1 Die Zwiebel schälen und fein würfeln. Die Petersilie waschen und trocken schütteln, die Blätter abzupfen und fein hacken. 2 EL von der Butter abnehmen, den Rest in einer Pfanne mit den Zwiebelwürfeln aufschäumen lassen. Zwiebelwürfel 1 Minute dünsten, dann die Semmelbrösel und die gemahlenen Nüsse einrühren. In einer Schüssel mit der Hälfte der Petersilie vermengen, salzen, pfeffern und abkühlen lassen.

2 Den Staudensellerie waschen und putzen, die Stangen quer in Scheiben schneiden. Die Kartoffeln schälen, längs halbieren und in Scheiben schneiden.

3 Den Zucker in eine Pfanne streuen und erhitzen, bis er schmilzt und leicht bräunt. Mit einem Schluck Rotwein oder Brühe ablöschen und die Flüssigkeit fast einkochen lassen. Die zurückbehaltene Butter dazugeben, Sellerie und Kartoffeln 1 Minute darin andünsten, dann salzen. Den übrigen Wein oder die Brühe dazugeben. Die Gemüse 10 Minuten dünsten, dann die Pfanne vom Herd ziehen. Etwas abkühlen lassen und die restliche Petersilie einrühren.

4 Den Ofen auf 180 °C vorheizen (Umluft 160 °C). Das Rotweingemüse in eine ofenfeste Form geben. Den Zander in 4 Portionen teilen und mit der Nusskruste bestreichen. Den Fisch auf das Rotweingemüse legen. Die Form auf den Rost (mittlere Schiene) in den Ofen schieben. Den Fisch 15–20 Minuten garen, bis die Kruste gebräunt ist – falls nötig, in den letzten 2 Minuten noch mal kurz drübergrillen.

Zauber
MONTAG

Strammer Marco

Strammer Max auf Italienisch: mit Sauce Pollognese statt Schwarzwälder Schinken und auf hellem Vollkorn- statt Graubrot.

ZUTATEN FÜR 4 BROTE

1 Zweig Rosmarin
4 EL Olivenöl
4 große Scheiben helles Vollkornbrot
übrige Sauce Pollognese vom Samstag (etwa 300 g)
4 Eier
2 EL frisch geriebener Parmesan

Zubereitungszeit: 15 Minuten
Pro Portion ca. 365 kcal

1 Den Rosmarin waschen und trocken schütteln. Das Olivenöl mit dem Rosmarinzweig in einer großen Pfanne erhitzen. Die Brote darin auf jeder Seite in 1–2 Minuten goldbraun rösten und herausnehmen.

2 Die Sauce Pollognese in der Pfanne verteilen und unter Rühren langsam erhitzen. Vier Kuhlen in die Sauce formen, die Eier aufschlagen, in die Kuhlen gleiten lassen und bei mittlerer Hitze in 4–5 Minuten zu Spiegeleiern stocken lassen.

3 Die Pollognese auf den Broten verteilen, die Spiegeleier daraufgeben und den Parmesan drüberstreuen. Gleich servieren.

Dazu schmeckt grüner Salat.

URSULA:

„Geht der auch ohne Bolognese?"

SEBASTIAN: „Natürlich, Tomatensauce tut's genauso gut."

Entdecker
DIENSTAG

Radieschen-Curry

Viele kennen nur Radieserl – und die isst man in Bayern im Biergarten. Man kann mit ihnen aber auch kochen – samt Grün und Wurzel. Und Currypaste passt gut zu ihrer süßen Schärfe.

ZUTATEN FÜR 4 PERSONEN

2 Bund Radieschen mit schönem Grün
2 Schalotten
1 haselnussgroßes Stück Ingwer
3 EL Öl
2 EL rote Currypaste
1 TL brauner Zucker
Meersalz
½ Zitrone

Zubereitungszeit: 35 Minuten
Pro Portion ca. 90 kcal

1 Das Spülbecken mit kaltem Wasser füllen und die Radieschen darin gründlich waschen. In ein Sieb geben und das Wasser ablaufen lassen. Dies so oft wiederholen, bis kein Sand im Wasser zurückbleibt.

2 Das Grün und die Wurzeln von den Radieschen abschneiden. Die Blätter kleiner zupfen, Stängel und Wurzeln fein hacken. Die Knollen vierteln, kleinere halbieren. Schalotten und Ingwer schälen. Schalotten halbieren und längs in Streifen schneiden, Ingwer in feine Scheiben und diese in Streifen schneiden.

3 Den Wok oder eine große Pfanne erhitzen, 1 EL Öl darin kreisen lassen und ausgießen. Nun das übrige Öl hineingeben und Radieschenstängel und -wurzeln, Schalotten und Ingwer samt der Currypaste bei starker Hitze unter ständigem Rühren 30 Sekunden braten.

4 Die Radieschen dazugeben und 30 Sekunden unter Rühren anbraten. 200 ml Wasser dazugießen, den Zucker und 1 kräftige Prise Meersalz zugeben und alles zugedeckt 8–10 Minuten schmoren, bis die Radieschen bissfest sind. Die halbe Zitrone in 4 Spalten schneiden, das Radieschengrün unters Curry mischen, alles auf Schälchen verteilen und mit den Zitronenspalten servieren. Dazu Pilaw-Reis (Seite 40) oder Basmatireis servieren.

Entdecken: Radieschen

Die meisten kennen die kleinen Roten (gibt's aber auch in Weiß und Gelb) als Beigabe zur Brotzeit – bei der sie die Blätter übrig lassen. Schade drum, denn die schmecken voll und würzig, oft besser als Rucola, mit dem sie übrigens verwandt sind. Knollen und Blätter sind frisch und gedünstet eine fruchtig-scharfe Belebung für Kochmuffel.

Entdecker
MITTWOCH

Tofu aus dem Dampf

Dämpfen ohne Dämpfer, aber mit Tasse und Teller – so geht's ganz einfach. Und keine Angst, weil es so gesund klingt – es schmeckt noch viel besser.

ZUTATEN FÜR 4 PERSONEN

1 großes Bund Basilikum
1 Bund Schnittlauch
1 Handvoll Sojasprossen
½ Bio-Zitrone
4 EL Sojasauce
2 TL Zucker
600 g Seidentofu
2 EL helle Sesamsamen
½ TL Meersalz
frisch gemahlener schwarzer Pfeffer

Zubereitungszeit: 25 Minuten
Marinierzeit: 30 Minuten
Pro Portion ca. 190 kcal

1 Basilikum, Schnittlauch und Sprossen getrennt voneinander waschen. Die Kräuter trocken schütteln und klein schneiden, die Sprossen abtropfen lassen. Die halbe Zitrone heiß waschen und abtrocknen, die Hälfte der Schale dünn abreiben und den Saft auspressen – es sollten 2 EL sein.

2 Die Sojasauce mit Zitronensaft und -schale sowie dem Zucker verrühren und diese Mischung mit Basilikum, Schnittlauch und Sprossen vermengen. Den Seidentofu vorsichtig aus der Packung lösen und in 12 Scheiben schneiden. Diese auf zwei große hitzefeste Teller verteilen, die Marinade mit den Kräutern darüber verteilen und alles 30 Minuten in der Küche durchziehen lassen.

3 In 2 großen Pfannen, zu denen ein Deckel passt, je etwa 3 cm hoch Wasser aufkochen. Je eine flache Tasse oder Schale ins Wasser stellen und je 1 Teller mit dem Tofu draufstellen. Den Deckel auflegen und den Tofu bei schwacher bis mittlerer Hitze 10 Minuten dämpfen. Inzwischen in einem kleinen Topf ohne Fett den Sesam und das Meersalz mit 1 ordentlichen Prise Pfeffer goldbraun rösten.

4 Die Teller mit dem gedämpften Tofu mit einem Küchentuch aus den Pfannen heben. Den Tofu mit dem Sesamsalz bestreuen und gleich servieren. Dazu am besten Basmatireis reichen.

Entdecken: Tofu

Viele haben immer noch Angst, sich mit dem „Quark aus Sojabohnen“ zu langweilen. Wenn man ihn aber mit den Richtigen zusammenbringt, muss das nicht sein. Tofu ist nämlich ein Meister im Aufsaugen von Aromen, sodass er in Suppen und Saucen sowie gebraten oder gedämpft eine echte Überraschung ist. Man bekommt ihn in Asienläden und im Bio-Handel. Neben dem festen Tofu zum Braten und Schmoren gibt es auch Seidentofu, der gut ist als Quarkersatz oder Suppeneinlage.

SEBASTIAN: „Wer ein bisschen mehr Eiweiß drin haben will, kann noch 200 g kleine Nordseekrabben unters Dressing mischen. Oder Schinkengrieben unterziehen: 200 g luftgetrockneten Schinken in Scheiben auf ein Backblech geben und im 220 °C heißen Ofen in 6–8 Minuten knusprig braten, in Stücke schneiden und zum Schluss drüberstreuen."

Veggie
DONNERSTAG

Gurkenkartoffeln

Im Grunde sind das Stampfkartoffeln – mit Gemüse gekocht und mit einem Dressing gewürzt. Geht auch mit Sellerie, Möhren, Radieschen, Rettich oder Lauch.

ZUTATEN FÜR 4 PERSONEN
+ EIN ZAUBERESSEN AM FREITAG!

1,5 kg vorwiegend festkochende Kartoffeln
2 Salatgurken
2 Lorbeerblätter
Meersalz
1 Bund Lauchzwiebeln
1 Bund Dill
4 EL Weißweinessig
2 EL scharfer Senf
½ TL Honig
frisch gemahlener schwarzer Pfeffer
6 EL Sonnenblumenöl

Zubereitungszeit: 30 Minuten
Pro Portion ca. 310 kcal

1 Die Kartoffeln waschen, schälen und je nach Größe in Viertel oder Achtel schneiden. Die Gurken schälen, längs halbieren und in fingerdicke Scheiben schneiden. Beides samt dem Lorbeer in einen Topf geben, mit 2 TL Meersalz bestreuen und mit kaltem Wasser knapp bedecken. Das Wasser aufkochen und die Gemüse bei mittlerer Hitze zugedeckt in 10–15 Minuten bissfest garen.

2 Inzwischen für das Dressing die Lauchzwiebeln waschen, die Wurzeln und das dunkle Grün entfernen und die Lauchzwiebeln in Ringe schneiden. Den Dill waschen und trocken schütteln, die Ästchen abzupfen und grob hacken. Beides mit Essig, Salz, Senf, Honig, Pfeffer und dem Öl verrühren.

3 Die gegarten Kartoffeln und Gurken abgießen und auf dem Herd 1 Minute ohne Deckel ausdampfen lassen. Dann mit einem Kartoffelstampfer oder stabilen Schneebesen im Topf grob zerstampfen. Ein Drittel der Masse für den Freitag abnehmen. Das Dressing unter die übrigen Gurkenkartoffeln mischen und das Gericht gleich in tiefen Tellern oder Schalen servieren.

Zauber FREITAG

Kartoffelpflanzerl

Heute wird vegetarisch weitergezaubert, und zwar auf süddeutsche Art. „Pflanzerl“ hat dabei nix mit Botanik zu tun, sondern kommt von „Pfanne“.

ZUTATEN FÜR 4 PERSONEN

- 1 Bund Petersilie
- 1 Zwiebel
- 50 g kräftiger Schnittkäse am Stück (z. B. Emmentaler oder Gouda)
- 5 EL Öl
- 100 g zarte Haferflocken
- 150 g Semmelbrösel
- 2 Eier
- übrige Gurkenkartoffeln vom Donnerstag (etwa 700 g)
- Meersalz
- Mehl zum Formen

Zubereitungszeit: 30 Minuten
Pro Portion ca. 515 kcal

1 Die Petersilie waschen und trocken schütteln, die Blätter abzupfen und hacken. Die Zwiebel schälen und in feine Würfel schneiden. Den Käse grob reiben.

2 1 EL Öl in einer Pfanne erhitzen und die Zwiebel darin in 2–3 Minuten glasig dünsten. Pfanne vom Herd ziehen und die Petersilie einrühren. Diese Mischung samt dem Käse, den Haferflocken, 50 g Semmelbröseln und den Eiern mit den Gurkenkartoffeln in eine Schüssel geben und vermengen. Mit Meersalz abschmecken. Die übrigen Semmelbrösel auf einen großen Teller streuen.

3 Mit bemehlten Händen aus der Masse 12 Pflanzerl formen und in den Semmelbröseln wenden. Das übrige Öl in einer oder zwei großen Pfannen erhitzen und die Pflanzerl darin auf jeder Seite 3–4 Minuten braten.

Dazu schmeckt Kräuterquark oder Schnittlauch-Tofu-Dip (Seite 73).

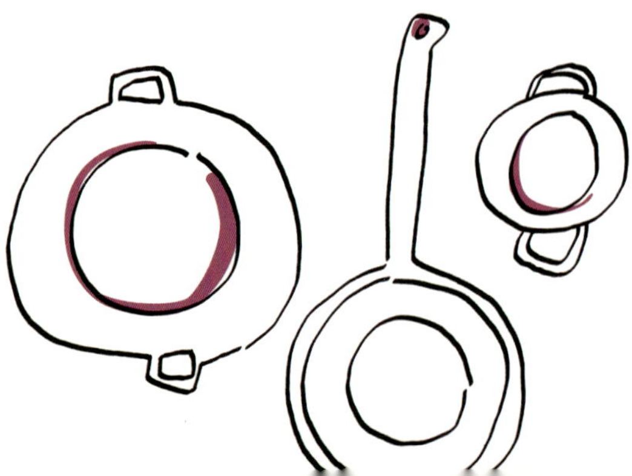

Wie mach ich ... ?

Brotfritten

Hier ist ein bisschen vorgearbeitet worden, da der Bäcker schon mal das Brot für die Fritten gebacken hat.

- Und weil man das eigentlich immer im Haus hat (Graubrot geht übrigens auch), sind Brotfritten die ideale Beilage, wenn es ganz schnell gehen soll, einfach nur ein Stück Brot aber doch zu langweilig ist.
- Besonders fein zu gebratenem Fisch, Salaten und Eiergerichten.

So wird's gemacht: **4 Scheiben Kastenweißbrot** oder **Vollkorntoast** oder entrindetes **Graubrot** in fingerdicke Scheiben schneiden. **2 EL Butter** und **2 EL Öl** in der Pfanne erhitzen und die Brotfritten darin unter häufigem Wenden in 2–3 Minuten knusprig braten. In einer Schüssel **salzen** – oder wie die Pommes Oriental (Seite 113) mit feinen Gewürzen fertig machen.

" Küsse vergehen, Kochkunst bleibt bestehen. "

George Meredith

GEMÜSEBRÜHE KOCHEN

Immer schön sammeln: Wer Reste vom Gemüseputzen gleich in eine Grünbox in den Tiefkühler gibt, hat jederzeit eine Basis für gute Brühe. Was nicht geht: dreckige Schalen, welke Stücke, bittere Strünke, weiche Reste z. B. von Brokkoli oder Kürbis.

Was immer geht: Wurzelgemüse aller Art, Lauch und Zwiebeln, Pilze und Kohl in Maßen, Tomaten, Paprikaschoten, Zucchini. Für Spezial-Aroma sorgen viele Kohlarten und Fenchel, für Spezialfarbe Rotkohl oder Rote Bete. Blattgemüse lieber ganz weglassen.

Grundrezept: 500 g Wurzelgemüse, 2 Zwiebeln und 1 Knoblauchzehe schälen und würfeln, 1 Stange Lauch halbieren, gründlich unter fließendem Wasser waschen und quer in Streifen schneiden, 250 g Weißkohl in Streifen schneiden und waschen. Alles in 2 EL Öl anbraten und mit 2 l kaltem Wasser auffüllen. Mit 100 g geputzten Champignons, 2 zerkleinerten Tomaten, 1 Lorbeerblatt und 10 Pfefferkörnern 1 Stunde sanft kochen. 3 EL Sojasauce einrühren und abkühlen lassen. Durch ein Sieb gießen und in Portionen einfrieren.

Schnittlauch-Tofu-Dip

Der gute alte Schnittlauchquark in einer Variante für Leute, die es mit Milch und allem, was daraus gemacht wird, nicht so haben.

- Der cremige Seidentofu (gibt's in Bio- und Asienläden meistens im Tetrapak) hat eine ähnliche Konsistenz wie Quark, ist aber nicht gesäuert. Dafür kommen dann noch Zitronensaft und Senf dazu.

So wird's gemacht: **1 Bund Schnittlauch** waschen und trocken schütteln, das obere Drittel abschneiden und neben den übrigen Schnittlauch aufs Brett legen. Nun alles in Röllchen schneiden. **1 Packung Seidentofu** (200 g) mit dem Schnittlauch, **1 TL Kapern**, **1 TL scharfem Senf**, **1 Spritzer Zitronensaft**, **Meersalz** und **Pfeffer** mischen – fertig. Gut zu Kartoffeln aller Art, gebratenem Gemüse oder auf Brot.

DIE AUFSTEIGER-WOCHE

Mensch, wir können ja fliegen!

DANN ÜBEN WIR JETZT MAL DAS LANDEN.

Nun gibt's etwas Erdung

So, der schwerste Teil ist geschafft. Jetzt läuft vieles wie von selbst, und manchmal sind wir schon bereit zum Abheben. Damit wir uns dabei nicht verfliegen, gibt es hier Bodenständiges aus aller Welt: Linsen und Couscous, Tortillas und Pfannkuchen, Apfelhuhn und Möhrenschmarren. Denn bei aller Leichtigkeit muss man ja auch satt werden.

Einkaufszettel
fürs Wochenende

Gemüse und Obst
- 300 g Knollensellerie
- 1 Stück Meerrettich (etwa 4 cm)
- 1 Zwiebel
- 1 walnussgroßes Stück Ingwer
- 1 säuerlicher Apfel (z. B. Boskop)
- 1 kleines Bund Thymian
- 2 Bund Koriandergrün
- 1 Bio-Zitrone

Aus der Kühltheke
- 4 Lachsfilets mit Haut (je etwa 150 g)
- 2 Hähnchenbrustfilets (je etwa 150 g), möglichst mit Haut
- 4 Hähnchenschenkel (je etwa 250 g)
- 250 g fester Tofu
- Butter (mind. 1 EL)

Aus dem Regal
- 500 g braune Linsen
- Toastbrot (mind. 150 g)
- 1½ l Fischfond
- 150 ml Hühnerbrühe
- ½ l trockener Weißwein (oder Fischfond)
- ½ l Cidre (oder Hühnerbrühe)

Schon in der Küche:

Meersalz, schwarzer Pfeffer in der Mühle, Zucker, 1 EL Lieblings-Currypulver, 2 Lorbeerblätter, 200 g Mehl, 2 EL mittelscharfer Senf, 150 ml Sojasauce, 2 EL Honig, 2 EL Balsamico-Essig, 4 EL Apfel- oder Weißweinessig, 100 ml Pflanzenöl, 2 EL Olivenöl

Einkaufszettel
für die Woche

Gemüse und Obst
- 3 Fleischtomaten (etwa 300 g)
- 2 Avocados
- 2 Salatgurken oder 3–4 Gartengurken (etwa 700 g)
- 3 Möhren (etwa 300 g)
- 2 weiße Zwiebeln
- 2 rote Zwiebeln
- 3 Bund Basilikum
- 4 Stängel Minze
- 2 Bund Petersilie
- 2 Bund Dill
- 2 Bund Schnittlauch

Aus der Kühltheke
- 200 g Feta (Schafskäse)
- 200 g geriebener Emmentaler
- Butter (mind. 50 g)
- ¼ l Milch

Aus dem Regal
- Sesamsamen (mind. 1 EL)
- 100 g Mandelstifte
- ungesalzene Erdnusskerne (mind. 2 EL)
- 8 Tortillas (mexikanische Weizenfladen)
- Instant-Couscous (mind. 200 g)
- 50 g getrocknete Tomaten
- 150 g schwarze Oliven ohne Stein
- Mineralwasser (mind. 100 ml)
- 4 Eier (Größe M)

Wohlfühl
SAMSTAG

Linsentopf mit Lachs und Ingwer

Eine Mischung aus Suppe und Ragout, die durch am Stück mitgegarten Ingwer und Meerrettich den Kick kriegt. Macht den Samstag wohl und fein.

ZUTATEN FÜR 4 PERSONEN
+ EIN ZAUBERESSEN AM MONTAG!

⅛ l Sojasauce
2 EL Honig
1 EL Balsamico-Essig
4 Lachsfilets mit Haut (je etwa 150 g)
500 g braune Linsen
1 Stück Meerrettich (4 cm)
1 walnussgroßes Stück Ingwer
2 Lorbeerblätter
1½ l Fischfond (aus dem Glas)
½ l trockener Weißwein (oder auch Fischfond)
3 EL Öl
1 Bio-Zitrone zum Servieren

Zubereitungszeit: 30 Minuten
Garzeit: 40 Minuten
Pro Portion ca. 665 kcal

1 Für den Lachs 50 ml Sojasauce mit Honig und Essig verrühren und die Lachsfilets darin wenden. Zugedeckt für 1 Stunde in den Kühlschrank stellen.

2 Inzwischen die Linsen im Sieb mit kaltem Wasser abspülen und gut abtropfen lassen. Meerrettich und Ingwer schälen. Beides im Ganzen samt Lorbeerblättern mit den Linsen in einen Topf geben. Mit Fischfond und Wein auffüllen und die Linsen in 30–40 Minuten bissfest kochen.

3 Etwa 15 Minuten vor dem Ende der Garzeit der Linsen den Lachs aus der Marinade nehmen und gut abtropfen lassen. Die Marinade aufheben. Das Öl in einer großen Pfanne erhitzen, den Lachs mit der Hautseite reinsetzen und bei mittlerer Hitze 3–4 Minuten braten. Wenden und in weiteren 3–4 Minuten fertig braten.

4 Die übrige Sojasauce und Marinade in die Linsen rühren, bei denen die Flüssigkeit nun fast ganz eingekocht sein sollte. Lorbeer und Ingwer aus den Linsen entfernen und wegwerfen, Meerrettich klein schneiden und zurück zu den Linsen geben. Die Hälfte der Linsen für den Zaubermontag beiseitestellen. Die Zitrone in Spalten schneiden. Den Lachs auf die übrigen Linsen im Topf setzen und mit Zitronenspalten servieren.

Dazu schmeckt Pilaw-Reis (Seite 40).

URSULA:

„Ach, was für ein schöner Lachs – glatt zum Verlieben!"

Basic
SONNTAG

Apfelhuhn

Das Prinzip ist das gleiche wie beim Coq au Vin, nur dass Äpfel und Cidre drankommen. Damit machen wir auch gleich einen Grundkurs im Ofenschmoren.

ZUTATEN FÜR 4 PERSONEN

2 Hähnchenbrustfilets (je etwa 150 g), möglichst mit Haut

4 Hähnchenschenkel (je etwa 250 g)

1 Zwiebel

300 g Knollensellerie

1 säuerlicher Apfel (z. B. Boskop)

1 kleines Bund Thymian

50 g Mehl

Meersalz

3 EL Öl

150 ml Hühnerbrühe

½ l Cidre (oder auch Hühnerbrühe)

frisch gemahlener schwarzer Pfeffer

Zubereitungszeit: 40 Minuten
Garzeit: 30 Minuten
Pro Portion ca. 615 kcal

1 Die Hähnchenbrustfilets mit dem Messer quer halbieren und die Hähnchenschenkel im Gelenk teilen. Das geht ganz leicht – man findet die richtige Stelle, wenn man den Unterschenkel bewegt und mit den Fingern fühlt.

2 Die Zwiebel schälen und würfeln. Den Sellerie schälen und 1 cm groß würfeln. Den Apfel waschen und samt Schale vierteln, das Kerngehäuse entfernen und die Viertel quer in 1 cm dicke Scheiben schneiden. Den Thymian waschen und trocken schütteln.

3 Den Ofen auf 200 °C (Umluft 180 °C) vorheizen. Das Mehl mit ½ TL Salz mischen und die Hähnchenteile in einer Schüssel darin wenden, bis sie ganz bedeckt sind. Das Öl in einer großen Pfanne erhitzen und die Hähnchenteile darin bei mittlerer Hitze auf jeder Seite in 2–3 Minuten goldbraun braten. Herausnehmen.

4 Zwiebel, Sellerie und Apfel im Bratsatz 2 Minuten andünsten, in eine ofenfeste Form umfüllen und die Schenkel drauflegen. Thymianzweige darübergeben und die Brustteile darauflegen. Brühe und Cidre dazugeben, salzen und pfeffern und auf den Boden des heißen Ofens stellen. Darin 30 Minuten zugedeckt garen.

5 Den Ofen auf 250 °C (Umluft 220 °C) stellen und die Form herausnehmen. Die Hähnchenteile aus der Sauce holen, abtropfen lassen und auf ein Blech legen. Dieses 10 Minuten auf der obersten Schiene in den Ofen schieben, damit die Haut kross wird. Die Sauce abschmecken und mit dem Hähnchen und dem Gemüse servieren.

SEBASTIAN: „Wer kein Huhn will, brät Zwiebel, Sellerie und Äpfel einfach so an, schmort sie wie oben mit 100 ml Gemüsebrühe und 400 ml Cidre 10 Minuten auf dem Herd und lässt dann noch 600 g festen Tofu in Stücken gute 5 Minuten mitschmoren.“

Zauber MONTAG

Linsenplätzchen mit Tofu

Hier wird ordentlich gezaubert – mit Linsen vom Samstag. Vegetarisch ist es auch noch und indisch dazu. So schön bunt kann ein Montag sein.

ZUTATEN FÜR 4 PERSONEN

1 EL Butter
1 EL Lieblings-Currypulver
2 Bund Koriandergrün
250 g fester Tofu
150 g Toastbrot
übriges Linsengemüse vom Samstag
2 EL mittelscharfer Senf
Meersalz
frisch gemahlener schwarzer Pfeffer
4 EL Öl zum Braten

Zubereitungszeit: 30 Minuten
Kühlzeit: 1 Stunde
Pro Portion ca. 510 kcal

1 Die Butter in einem Töpfchen aufschäumen lassen und vom Herd ziehen. Das Currypulver einrühren und die Currybutter abkühlen lassen. Den Koriander waschen und trocken schütteln, die Blätter hacken.

2 Den Tofu zerbröckeln. Toastbrot würfeln und samt der Currybutter und der Hälfte vom Linsengemüse im Mixer oder mit dem Pürierstab pürieren. Dieses Püree mit den ganzen Linsen, Tofu, Koriander und Senf vermengen. Die Masse mit Meersalz und Pfeffer würzen. Daraus 12 kleine Linsenküchlein formen (Durchmesser etwa 5 cm) und zugedeckt 1 Stunde kühl stellen.

3 Das Öl in einer großen Pfanne erhitzen und die Linsenküchlein darin auf jeder Seite 2–3 Minuten braten, bis sie knusprig und goldbraun sind. Dazu schmeckt Apfelkren (Seite 93).

Veggie
DIENSTAG

Fajita mit Tomaten-Salsa

Mal was anderes als Wurstbrot oder Hähnchen-Sandwich. Und weil sie zum Selberbauen und Mit-den-Fingern-Essen sind, mögen Kinder Fajitas besonders gerne.

ZUTATEN FÜR 4 PERSONEN

3 Fleischtomaten (etwa 300 g)
50 g getrocknete Tomaten
Meersalz
frisch gemahlener schwarzer Pfeffer
2 weiße Zwiebeln
1 EL Sesamsamen
1 kleines Bund Basilikum
2 Avocados
2 EL Sojasauce
1 EL Balsamico-Essig
200 g Feta (Schafskäse)
8 Tortillas (Fertigprodukt)

Zubereitungszeit: 45 Minuten
Pro Portion ca. 700 kcal

1 Die Tomaten waschen und quer halbieren. Die Hälften nacheinander mit der Schnittfläche auf einer groben Reibe in einen Topf reiben – am Ende hat man nur noch die Schale und den Stielansatz in der Hand und das Fruchtfleisch im Topf. Die getrockneten Tomaten in Würfel schneiden, in den Topf geben, mit Meersalz und Pfeffer würzen und in gut 5 Minuten bei mittlerer Hitze dick einkochen. Zum Abkühlen in ein Schälchen umfüllen.

2 Die Zwiebeln schälen, halbieren und in Streifen schneiden. Diese mit ½ TL Meersalz vermischen und 5 Minuten ziehen lassen – das macht sie milder und bekömmlicher. Den Sesam in einer Pfanne ohne Fett anrösten. Den Backofen auf 200 °C (Umluft 180 °C) vorheizen.

3 Das Basilikum waschen und trocken schütteln, die Blätter grob hacken. Avocados am Stein entlang halbieren, die Hälften gegeneinanderdrehen und trennen. Das Fruchtfleisch mit einem großen Löffel aus den Schalen heben oder die Avocados schälen (je nach Sorte geht's mal so, mal so besser). Das Fruchtfleisch würfeln. Sojasauce, Balsamico-Essig, Sesam und Basilikum verrühren und mit den Avocadowürfeln vermischen. Den Feta zerbröckeln. Zwiebeln, Avocadomischung und Feta auf einzelne Schälchen verteilen.

4 Die Tortillas im Ofen auf Blechen in 2–3 Minuten erhitzen – das geht aber auch nacheinander in der Pfanne. Im Stapel auf den Tisch bringen, wo sich jeder seine Fajita selbst gestalten kann – mit Tomaten-Salsa bestreichen, mit Zwiebeln, Avocado und Feta belegen, einrollen und aus der Hand essen.

Wohlfühl
MITTWOCH

Couscous mit Gurken-Caponata

Die Caponata kann man auch ohne Couscous als Beilage machen, zum Beispiel zu Fisch oder Hähnchen. Gibt's keine Minze, geht auch Basilikum.

ZUTATEN FÜR 4 PERSONEN

2 Salatgurken oder
3–4 Gartengurken (etwa 700 g)
2 rote Zwiebeln
Meersalz
150 g schwarze Oliven ohne Stein
4 Stängel Minze
1 Kaffeebecher Instant-Couscous (etwa 200 g)
100 g Mandelstifte
1 TL Zucker
4 EL Öl
4 EL Apfel- oder Weißweinessig
frisch gemahlener schwarzer Pfeffer

Zubereitungszeit: 30 Minuten
Pro Portion ca. 490 kcal

1 Die Gurken schälen und der Länge nach halbieren, dann in ½ cm dicke Scheiben schneiden. Die Zwiebeln schälen, halbieren und quer in halbe Ringe schneiden. Beides mit 1 TL Meersalz in einem Sieb vermischen und 15 Minuten abtropfen lassen. Die Oliven halbieren. Die Minze waschen und trocken schütteln, die Blätter abzupfen.

2 In einem kleinen Topf 1 Kaffeebecher (gut 200 ml) Wasser aufkochen und vom Herd ziehen. Den Couscous hineinschütten, einmal umrühren und quellen lassen. Die Mandelstifte in einer Pfanne ohne Fett anrösten und wieder herausnehmen.

3 Den Zucker in der Pfanne schmelzen lassen. Das Öl dazugeben und die Gurken mit den Zwiebeln darin 1–2 Minuten andünsten. Oliven zugeben, mit dem Essig ablöschen und mit reichlich Pfeffer würzen. Zugedeckt bei kleiner Hitze 6–8 Minuten dünsten, bis die Gurken bissfest sind.

4 Den Couscous, die Mandeln und die Minze einrühren und noch 1 Minute durchziehen lassen. Mit Meersalz abschmecken und servieren.

URSULA:
„Ich würde so gerne Pfannkuchen werfen können."

Basic
DONNERSTAG

Grüne Käsepfannkuchen

Viele frische Kräuter machen sie grün, ein Schuss Mineralwasser macht sie geschmeidig. Je besser der Käse, desto besser die Pfannkuchen.

ZUTATEN FÜR 4 PERSONEN
+ EIN ZAUBERESSEN AM FREITAG!

4 Eier
150 g Mehl
2 Bund Petersilie
2 Bund Dill
2 Bund Basilikum
2 Bund Schnittlauch
¼ l Milch
100 ml Mineralwasser
4 EL Butter
200 g geriebener Emmentaler

Zubereitungszeit: 35 Minuten
Pro Portion ca. 305 kcal

1 Die Eier mit dem Mehl verrühren. Die Kräuter waschen und trocken schütteln. Die Blätter abzupfen und grob hacken. Den Schnittlauch in Röllchen schneiden. Alle Kräuter in der Milch mit dem Pürierstab pürieren und samt Mineralwasser mit dem Eierteig verrühren.

2 In einer beschichteten Pfanne bei mittlerer Hitze 1 TL Butter aufschäumen lassen. 1 Schöpfkelle Teig hineingeben und die Pfanne leicht schräg kreisen lassen, sodass der ganze Boden mit Teig bedeckt ist.

3 Den Pfannkuchen 1–2 Minuten backen, bis er an der Oberfläche gestockt und an der Unterseite leicht gebräunt ist. Nun entweder mit einem Werkzeug oder mit Schwung wenden: Die Pfanne leicht schräg nach unten halten und aus dem Handgelenk heraus schwungvoll nach oben schwenken, sodass der Pfannkuchen sich in der Luft dreht und wieder in der Pfanne landet.

4 Den Pfannkuchen noch 1 Minute backen, mit Käse bestreuen und einrollen. Entweder gleich mit einer Serviette aus der Hand oder mit Besteck auf dem Teller essen – oder im 100 °C heißen Ofen warm halten, bis alle fertig sind. Die Hälfte muss aber für den nächsten Tag übrig bleiben!

SEBASTIAN: „Kein Problem, man muss sich einfach nur trauen – deswegen können Kinder das oft von Natur aus. Wir üben aber erst mal mit einer Tüte Rosinen. Und einer kalten Pfanne natürlich."

Zauber
FREITAG

Schmarren mit Möhren

Die Alpenmehlspeise mal nicht süß, sondern salzig. Mit Rüben statt Rosinen und Erdnüssen statt Mandeln. Die Reste vom Donnerstag machen's rund.

ZUTATEN FÜR 4 PERSONEN

3 Möhren (etwa 300 g)
2 EL ungesalzene Erdnusskerne
1 Prise Zucker
2 EL Olivenöl
übrige Käsepfannkuchen vom Donnerstag
1 EL Butter

Zubereitungszeit: 15 Minuten
Pro Portion ca. 415 kcal

1 Die Möhren schälen und grob raspeln. Die Erdnüsse in einer großen Pfanne mit dem Zucker, aber ohne Fett 1–2 Minuten bei mittlerer Hitze anrösten, dabei die Pfanne öfters rütteln. Das Olivenöl zufügen, dann die Möhrenraspel in die Pfanne geben und in 1–2 Minuten bissfest braten, dabei mehrmals rühren.

2 Die Käsepfannkuchen zerpflücken. Die Möhren an den Pfannenrand schieben und die Butter in der Mitte aufschäumen lassen. Die Pfannkuchenstücke hineingeben und 1 Minute braten. Dann alle Zutaten vermischen und noch 2 Minuten unter mehrmaligem Wenden braten. Gleich servieren.

URSULA:

„Geht da noch mehr?"

SEBASTIAN: „Aber ja, es geht auch als Gratin. Dazu die zusammengerollten Pfannkuchen in 2–3 cm dicke Scheiben schneiden, die in einer flachen ofenfesten Form aufgefächert verteilt werden. 2 Eier mit 100 ml Milch, 100 g Dickmilch und den Möhren und Erdnüssen verrühren. Diese Mischung über die Pfannkuchenscheiben geben. Das Gratin im heißen Ofen bei 200 °C (Umluft 180 °C) 25–30 Minuten backen."

Wie mach ich … ?

Kalt gerührte Beerenkonfitüre

In ein ordentliches Kochbuch gehört auch ein gutes Rezept für Konfitüre. Hier ist es:

- Das hier ist sogar mehr als gut, denn alles Abwiegen, Aufkochen und Einwecken entfällt. Dafür schmeckt die Beerenkonfitüre schön pur und frisch.
- Einzige Bedingung: Kalt aufheben, dann hält sie im Kühlschrank zwei Wochen. Nach dem Aufmachen sollte sie dann in einer Woche verputzt sein, was kein Problem sein wird – vor allem, wenn man kleine Gläschen nimmt.

So wird's gemacht: Beeren nach Wunsch (z. B. **500 g Erdbeeren** für 5 Gläser à 200 ml) falls nötig waschen, putzen und zerteilen, dann mit **500 g Gelierzucker 1:1** im Mixer oder mit dem Pürierstab so lange pürieren, bis der Zucker sich ganz gelöst hat. Die Konfitüre in heiß ausgespülte Gläser mit Schraubdeckel füllen und verschließen. Gleich in den Kühlschrank damit.

EIN SPIEGELEI MACHEN

Frisch und kühl: Bis zu gut zwei Wochen vor dem Haltbarkeitsdatum ist ein Ei frisch genug für ein Spiegelei. Kommt es direkt aus dem Kühlschrank, ist es fester und zerläuft nicht so sehr.

Beschichtet und sanft: Eine beschichtete Pfanne, in der nichts klebt, wird nicht ganz auf mittlere Hitze geschaltet. Darin 1 TL Butter zerlassen und ein wenig Salz hineinstreuen.

Langsam und in Ruhe: Das Ei am Pfannenrand aufschlagen, das Innere in die Butter gleiten lassen. Es darf leise zischen, sollte aber nicht brutzeln. Mit dem Pfannenwender das Eiklar zusammenschieben und 1 Minute stocken lassen, bis es fest ist. Nun noch 1–2 Minuten weiterbraten, Eiweiß salzen und das Spiegelei genießen.

// Man soll dem Leib etwas Gutes bieten, damit die Seele Lust hat, darin zu wohnen. //

Winston Churchill

Apfelkren

Der Klassiker aus Österreich (außerhalb sagt man auch Apfelmeerrettich dazu)

- Er passt mit seiner süßen Schärfe nicht nur zu gekochtem Rindfleisch, sondern auch zu Ofenkartoffeln, pikanten Pfannkuchen, Bratwurst – und Linsenplätzchen (Seite 83).

So wird's gemacht: 3 süß-säuerliche Äpfel (zum Beispiel Cox Orange, Boskop, Topaz) waschen und samt Schale grob raspeln, bis nur noch das Kerngehäuse übrig ist. Die Apfelraspel mit **1 EL Meerrettich** aus dem Glas oder frisch geriebenem Meerrettich mischen. Mit **1 EL Honig**, **1 TL Zitronensaft** und **1 Prise Meersalz** würzen.

DIE WEITER-GEHT'S-WOCHE

Ach du meine …! Und jetzt?

EINFACH WEITERMACHEN.

Zeit für eine kleine Pause

Wie wär's jetzt mit ein bisschen Ruhe und Frieden in der Küche? Mit einer Hähnchenbrust, die sanft im Topf vor sich hin blubbert? Oder mit einem Lachs im Morgenrock, der im Ofen vor sich hin gart? Das Schöne dabei ist, dass wir nebenher gleich ein paar neue Techniken wie Pochieren und Backen lernen. Und nach dieser Ruhephase mit neuer Energie unseren Weg des Kochens weitergehen.

Einkaufszettel

fürs Wochenende

Gemüse und Obst

- 200 g Kirschtomaten
- 1 Bund dicke Lauchzwiebeln
- 1 haselnussgroßes Stück Ingwer
- 1 Bio-Zitrone
- 1 Bio-Limette
- 1 Bund Basilikum

Aus der Kühltheke

- 6 Hähnchenbrustfilets (je etwa 150 g)
- 400 g festes Fischfilet (z. B. Rotbarsch, Kabeljau oder Seeteufel)
- 450 g tiefgekühlte Erbsen
- 250 g tiefgekühlter Blattspinat
- 50 g Parmesan am Stück

Aus dem Regal

- Gewürznelken (mind. 2)
- weiße Pfefferkörner (mind. 5)
- brauner Zucker (mind. 2 TL)
- grüne Currypaste (mind. 2 EL)
- asiatische Fischsauce (mind. 4 EL)
- 1 Dose Kokosmilch (400 g)
- Toastbrot (mind. 9 Scheiben)
- 4 Eier (Größe M)

Schon in der Küche:

mindestens 650 g Meersalz, schwarzer Pfeffer in der Mühle, Muskatnuss, 4 EL süßes Paprikapulver, etwa 300 g Mehl, 1 Lorbeerblatt, 1 EL mittelscharfer Senf, 100 ml Olivenöl, ¼ l Pflanzenöl

Einkaufszettel

für die Woche

Gemüse und Obst

- 600 g Zucchini
- 1,7 kg nicht zu große vorwiegend festkochende Kartoffeln
- 6 Knoblauchzehen
- 2–3 frische rote Chilischoten
- 1 Bund Basilikum
- 1 Bund Schnittlauch

Aus der Kühltheke

- 400 g frisches Lachsfilet am Stück
- 8 dünne Scheiben Räucherlachs
- 170 g tiefgekühlter Rahmspinat in Stücken
- 150 g Magerquark
- 50 g geriebener Emmentaler
- 200 g Butter
- Milch (mind. 2 EL)

Aus dem Regal

- gemahlener Kreuzkümmel (mind. 1 EL)
- getrockneter Oregano (mind. 1 TL)
- Mohnsamen (mind. 1 EL)
- Hartweizengrieß (mind. 70 g)
- Speisestärke (mind. 70 g)
- Toastbrot (mind. 1 Scheibe)
- 150 g frisches Weißbrot
- Sahnemeerrettich aus dem Glas (mind. 1 EL)
- Rotweinessig (mind. 5 EL)
- 7 Eier (Größe M)

Basic
SAMSTAG

Pochierte Hähnchenbrust mit Erbsengrün

Große Kochkunst ganz simpel, bei der man eigentlich nur eins falsch machen kann: Die Hähnchen zu früh rausnehmen. Ein perfektes Essen für Samstagabende mit Trödelgästen.

ZUTATEN FÜR 4 PERSONEN
+ EIN ZAUBERESSEN AM MONTAG!

½ Bio-Zitrone
1 dicke Lauchzwiebel
1 Lorbeerblatt
2 Gewürznelken
1 Bund Basilikum
5 weiße Pfefferkörner
Meersalz
6 Hähnchenbrustfilets (je 150 g)
450 g tiefgekühlte Erbsen

Zubereitungszeit: 30 Minuten
Garzeit: 1 Stunde
Pro Portion ca. 215 kcal

1 Die Zitrone heiß waschen, abtrocknen und die Schale dünn abreiben. Den Saft auspressen. Die Lauchzwiebel von Wurzeln und dunklem Grün befreien und auf etwa 10 cm Länge kürzen. Das Lorbeerblatt mit den Nelken auf die Zwiebel stecken – der Profi sagt „gespickte Zwiebel" dazu. Das Basilikum waschen und trocken schütteln, die Blätter hacken und die Stängel aufheben.

2 Einen Topf nehmen, in den die Hähnchenbrustfilets gerade so nebeneinander reinpassen, und mit 750 ml Wasser füllen. Das Wasser mit Zitronenschale und -saft (ein bisschen für später zum Abschmecken aufheben), der gespickten Zwiebel, Basilikumstängeln, Pfefferkörnern und ½ TL Meersalz 5 Minuten kochen lassen.

3 Die Hähnchenbrustfilets in den Topf geben und das Wasser ganz kurz aufkochen lassen – es sollte dabei nicht wild kochen, sondern gerade anfangen zu blubbern. Den Topf vom Herd ziehen und die Hähnchenbrustfilets 1 Stunde ziehen lassen, bis sie gar, zart und lauwarm sind. 2 Stunden gehen aber auch.

4 Hähnchenbrustfilets und Zwiebel aus dem Sud nehmen. 2 Filets für Montag zur Seite stellen. Die Zwiebel von Lorbeer und Nelke befreien und wieder in den Sud geben. Erbsen dazugeben und 5 Minuten kochen. Basilikum zugeben und alles mit dem Pürierstab fein pürieren. Mit Meersalz und Zitronensaft abschmecken, ein Viertel für Montag zur Seite stellen. Die Hähnchenbrustfilets in Scheiben schneiden und mit dem Erbsenpüree servieren. Dazu Pilaw-Reis (Seite 40) servieren.

Fisch
SONNTAG

Fischcurry mit Spinat

Während der Fisch in einer Marinade mit Curry zieht, wird das Gemüse in Kokosmilch mit Curry geschmort. Am Ende findet alles zusammen.

ZUTATEN FÜR 4 PERSONEN

400 g festes Fischfilet (z. B. Rotbarsch, Kabeljau oder Seeteufel)
1 Bio-Limette
4 EL asiatische Fischsauce
2 EL grüne Currypaste
3 Lauchzwiebeln
1 haselnussgroßes Stück Ingwer
150 g Kirschtomaten
1 Dose Kokosmilch (400 g)
250 g tiefgekühlter Blattspinat
2 TL brauner Zucker
eventuell Meersalz

Zubereitungszeit: 25 Minuten
Pro Portion ca. 325 kcal

1 Das Fischfilet in 3 cm große Stücke schneiden. Die Limette heiß waschen, abtrocknen und die Schale dünn abreiben. Den Saft auspressen und mit 1 EL Fischsauce und 1 TL Currypaste verrühren. Diese Marinade unter die Fischwürfel mischen und alles 15 Minuten ziehen lassen.

2 Inzwischen die Lauchzwiebeln waschen, von den Wurzeln und dem dunklen Grün befreien und in feine Ringe schneiden. Den Ingwer schälen und erst in feine Scheiben, dann in feine Stifte schneiden. Die Kirschtomaten waschen und halbieren.

3 Von der Kokosmilch 3 EL vom dicken Rahm abnehmen (siehe Seite 20) und in einem Wok oder in einer großen Pfanne erhitzen. Darin bei mittlerer Hitze Limettenschale, Lauchzwiebeln, Ingwer und die übrige Currypaste unter Rühren 2 Minuten dünsten.

4 Nun Spinat und Kirschtomaten samt übriger Fischsauce, restlicher Kokosmilch und dem Zucker dazugeben und alles 5 Minuten kochen lassen, bis der Spinat aufgetaut und heiß ist. Den Fisch samt Marinade vorsichtig einrühren und 2 Minuten bei kleiner Hitze garen. Falls nötig, mit Salz nachwürzen. Servieren.

Dazu schmeckt Pilaw-Reis (Seite 40).

URSULA:

„Kann ich das mit Tofu haben?"

SEBASTIAN: „Klar, statt Hähnchen einfach 300 g Tofu in Scheiben schneiden, salzen und zwischen die Brote packen."

Zauber MONTAG

Gebratenes Hähnchensandwich

Aus dem zart pochierten Samstagshähnchen werden nun knusprig gebratene Montagsbrötchen. Schmecken am besten direkt aus der Hand.

ZUTATEN FÜR 4 BROTE

9 Scheiben Toastbrot
1 EL mittelscharfer Senf
übrige Erbsensauce vom Samstag
50 g Kirschtomaten
2 übrige pochierte Hähnchenbrustfilets vom Samstag
4 Eier
50 g frisch geriebener Parmesan
5 EL Olivenöl

Zubereitungszeit: 30 Minuten
Pro Portion ca. 460 kcal

1 1 Toastbrot zerpflücken und mit dem Senf zur Erbsensauce geben. Diese Zutaten mit dem Pürierstab zu einer Paste pürieren. Die Kirschtomaten waschen und in Scheiben schneiden. Die Hähnchenbrustfilets ebenfalls in Scheiben schneiden.

2 Die Toastbrote auf ein Brett legen und mit der Erbsenpaste bestreichen. Auf 4 Toasts Hähnchenbrust und Kirschtomaten verteilen, die übrigen Toasts mit der grünen Seite nach unten darauflegen und fest andrücken.

3 Die Eier in einer hohen Schüssel mit dem Parmesan verquirlen. Das Öl in einer großen Pfanne heiß werden lassen. Die Sandwichs nacheinander mit allen vier Kanten kurz in die Eier tauchen, sodass sie sich etwas vollsaugen, aber nicht zerfallen. Die Sandwiches nacheinander auf jeder Seite 2–3 Minuten backen und warm halten (Backofen auf 100 °C stellen), bis alle fertig sind.

4 Die Sandwiches nach Wunsch diagonal durchschneiden und mit vielen Servietten servieren. Ist am Ende noch Ei übrig, kann man daraus Rührei machen (Seite 26).

Veggie
DIENSTAG

Zucchiniplätzchen

Die funktionieren auch sehr gut mit geraspelten Möhren, die 1–2 Minuten länger gebraten und dann mit Dill statt mit Basilikum gewürzt werden.

ZUTATEN FÜR 4 PERSONEN

600 g Zucchini
4 EL Olivenöl
Meersalz
frisch gemahlener schwarzer Pfeffer
1 Scheibe Toastbrot
1 Ei
2 EL Milch
3 EL Mehl
frisch geriebene Muskatnuss
1 Bund Basilikum

Zubereitungszeit: 30 Minuten
Pro Portion ca. 225 kcal

1 Die Zucchini waschen, putzen und grob raspeln. In einer Pfanne 2 EL Olivenöl erhitzen und die Raspel darin andünsten, mit Meersalz und Pfeffer würzen. Zucchiniraspel in 4–5 Minuten bissfest braten und etwas abkühlen lassen.

2 Die Zucchiniraspel mit dem Kartoffelstampfer oder einer stabilen Gabel etwas zerdrücken. Toastbrot würfeln und mit Ei, Milch und Mehl unter die Zucchiniraspel rühren, sodass ein formbarer, nicht zu feuchter Teig entsteht. Mit Meersalz, Pfeffer und Muskatnuss würzen. Das Basilikum waschen, trocken schütteln, die Blätter abzupfen und hacken. Unter die Zucchinimasse mengen.

3 Das übrige Olivenöl in einer großen Pfanne erhitzen, von der Masse je 1 EL hineinsetzen und etwas flach drücken. Die Plätzchen portionsweise bei mittlerer Hitze auf jeder Seite 2–3 Minuten braten.

Dazu schmecken Salzkartoffeln und eine Tomatensauce, zum Beispiel die Salsa von Seite 84.

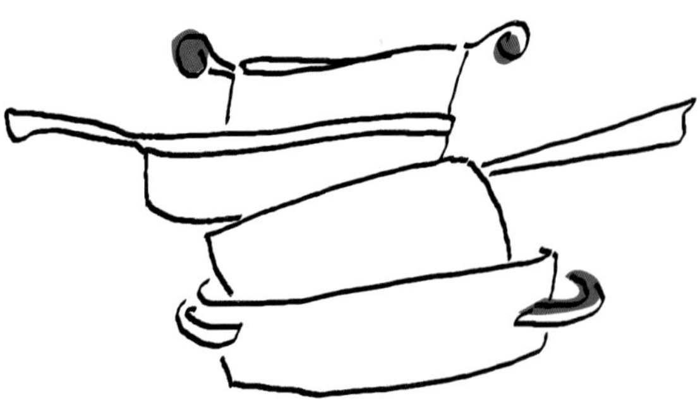

Entdecker
MITTWOCH

Lachs im Schlafrock

Dieser Teig ist eine simple Alternative zu gekauftem Fertigblätterteig – gut für Teigtaschen aller Art, super mit der feinen Fischfüllung.

ZUTATEN FÜR 4 PERSONEN

150 g Mehl + Mehl für die Arbeitsfläche
Meersalz
150 g kalte Butter
150 g Magerquark
400 g frisches Lachsfilet am Stück
8 dünne Scheiben Räucherlachs
1 EL Sahnemeerrettich aus dem Glas
2 Eigelb zum Bestreichen
1 EL Mohnsamen zum Bestreuen
Und: Backpapier

Zubereitungszeit: 45 Minuten
Kühlzeit: 2 Stunden
Backzeit: 25 Minuten
Pro Portion ca. 765 kcal

1 Das Mehl mit ½ TL Meersalz mischen, die Butter in Stücke schneiden und darüber verteilen. Alles mit der Küchenmaschine oder den Händen grob verkneten, dann den Quark unterkneten, bis ein glatter Teig entsteht. Diesen in Folie wickeln und 2 Stunden kühlen.

2 Das Lachsfilet in 8 gleich große Streifen schneiden. Den Räucherlachs ausbreiten und den Meerrettich darauf verstreichen. Die Lachsstreifen darin einwickeln.

3 Den Ofen auf 180 °C (Umluft 160 °C) vorheizen. Den Teig auf bemehlter Fläche dünn ausrollen und in acht etwa 6 x 12 cm große Rechtecke schneiden, sodass sich später die Füllung darin einschlagen lässt. Auf jedes Teigstück einen Lachsstreifen legen, sodass seitlich je 2 cm Platz bleibt.

4 Die Teigränder mit Eigelb bestreichen und den Teig erst von der schmalen und dann von der langen Seite her über die Füllung schlagen. Die Kanten leicht festdrücken. Teigtaschen mit Eigelb bestreichen und mit Mohn bestreuen. Auf ein mit Backpapier belegtes Blech geben und im heißen Ofen (mittlere Schiene) 20–25 Minuten goldgelb backen.

Dazu schmeckt Apfel-Gurken-Salat (Seite 112).

Entdecken: Lachs

Ursula Karvens Lieblingsfisch ist sehr vielseitig. Man kann ihn braten und grillen, dämpfen und dünsten, schmoren und pochieren. Geräuchert schmeckt er pur, im Sandwich oder mit Nudeln, und ganz frisch und roh ist er der Beste auf Sushi oder als Tatar. Dazu sieht in seinem rosa Glanz alles gleich viel besser aus. Was will man mehr?

Wohlfühl
DONNERSTAG

Kanarische Salzkartoffeln mit Mojo

Keine Sorgen wegen der Salzmenge. Die macht den Kartoffeln nix, außer dass sie damit gerade kräftig genug schmecken, um der scharfen Mojo Kontra zu geben.

ZUTATEN FÜR 4–6 PORTIONEN
+ EIN ZAUBERESSEN AM FREITAG!

150 g frisches Brot
5 EL Rotweinessig
6 Knoblauchzehen
1 TL + 600 g Meersalz
2–3 frische rote Chilischoten (kann man auch weglassen, wenn es zu scharf wird)
1 Ei
2 Eigelb
4 EL süßes Paprikapulver
1 EL gemahlener Kreuzkümmel
1 TL getrockneter Oregano
¼ l Salatöl
1,7 kg nicht zu große vorwiegend festkochende Kartoffeln

Zubereitungszeit: 40 Minuten
Pro Portion (bei 6) ca. 575 kcal

1 Für die Mojo das Brot entrinden und klein schneiden. Mit dem Essig und 4 EL lauwarmem Wasser vermengen und beiseitestellen. Knoblauch schälen, hacken, mit etwas Meersalz bestreuen und mit einer großen Messerklinge zerdrücken. Chilischoten waschen, putzen und klein hacken.

2 Das eingeweichte Brot mit dem Ei, den Eigelben und den zwei oder drei Gewürzen im Mixer oder mit dem Pürierstab pürieren. Dann das Salatöl unter weiterem Mixen langsam unterschlagen. Mit Meersalz abschmecken.

3 Die Kartoffeln gründlich waschen und in einen weiten Topf geben. Das Meersalz mit 700 ml Wasser aufkochen, über die Kartoffeln gießen und den Topf mit einem Küchentuch abdecken.

4 Die Kartoffeln bei mittlerer Hitze in 12–15 Minuten bissfest garen, das Wasser abgießen. Die Kartoffeln jetzt bei kleinster Hitze unter Rütteln 10 Minuten im Topf braten, bis die Schale runzlig und fein mit Salz überzogen ist. 1 kg Kartoffeln für den Freitag zur Seite stellen. Die übrigen Kartoffeln samt Schale mit der Mojo genießen.

Zauber FREITAG

Kartoffelknödel mit Rahmspinat

Sie werden aus Kartoffeln vom Vortag gemacht. Damit sie schön locker werden, ist es wichtig, dass die Masse nur so viel wie eben nötig verknetet wird.

ZUTATEN FÜR 4 PERSONEN

übrige Salzkartoffeln vom Donnerstag

70 g Mehl + Mehl für die Arbeitsfläche

70 g Hartweizengrieß

70 g Speisestärke

Meersalz

1 Ei

170 g tiefgekühlter Rahmspinat in Stücken

1 Bund Schnittlauch

4 EL Butter

50 g geriebener Emmentaler

Zubereitungszeit: 30 Minuten
Garzeit: 20 Minuten
Pro Portion ca. 495 kcal

1 Die Kartoffeln pellen und auf der groben Reibe reiben. Mehl, Grieß und Stärke mit 1 TL Meersalz mischen. Diese Mischung behutsam mit den geriebenen Kartoffeln vermengen. Zum Schluss das Ei verquirlen und daruntermischen.

2 In einem großen Topf reichlich Wasser aufkochen und salzen. Einen walnussgroßen Probeknödel abdrehen, ins Wasser geben und 5 Minuten garen. Ist er zu weich, noch je 1–2 EL Mehl, Grieß und Stärke vermischen und etwas davon zum Teig geben. Die Masse auf bemehlter Fläche zur Rolle formen. Diese in acht Scheiben teilen.

3 Auf jede Scheibe ein Stück gefrorenen Rahmspinat geben, die Masse drum herumlegen und mit feuchten Händen runde Knödel daraus formen. Die Knödel ins sanft kochende Salzwasser geben und bei kleiner Hitze 20 Minuten ziehen lassen.

4 Inzwischen den Schnittlauch waschen und trocken schütteln, das obere Drittel abschneiden und neben den übrigen Schnittlauch legen. Nun alles in Röllchen schneiden. Die fertigen Knödel mit einer Schaumkelle aus dem Wasser heben und auf eine vorgewärmte Platte geben. Die Butter in einem kleinen Topf bräunen und den Schnittlauch einrühren. Die Schnittlauchbutter über die Knödel geben. Mit Käse bestreuen und servieren.

URSULA:

„Das sind dann die mit dem versteckten Blubb, oder?"

Wie mach ich … ?

Apfel-Gurken-Salat

So schnell und simpel macht man aus einem normalen Gurkensalat einen besonderen, der zu fast allem passt:

- Zu Gegrilltem und Gedämpftem, zu Fleisch und Fisch, als Beilage und als kleine Vorspeise.

So wird's gemacht: 1 große Salatgurke oder **2 kleinere Gartengurken** (300–400 g) schälen, der Länge nach halbieren und mit einem Teelöffel die Kerne herausschaben. Dann quer in halbe Scheiben schneiden. **2 süß-säuerliche Äpfel** (z. B. Cox Orange, Braeburn) waschen, samt Schale vierteln, entkernen und in passende Scheiben schneiden. **1 Bund Schnittlauch** waschen und trocken schütteln, das obere Drittel abschneiden und neben den übrigen Schnittlauch legen. Nun alles in Röllchen schneiden und mit **1 EL Zitronensaft**, **1 EL körnigem Senf** und **4 EL Olivenöl** verrühren. Mit **Meersalz** und **Pfeffer** kräftig abschmecken und den Salat damit anmachen. 15 Minuten ziehen lassen und servieren.

„Eine gute Küche ist das Fundament allen Glücks."

Auguste Escoffier

Pommes Oriental

Fertigpommes aus der Tiefkühltruhe sind besser als ihr Ruf und im Ofen ganz schnell gemacht. Gewürzt wird nach Geschmack, hier mit Kreuzkümmel. Und wer den nicht mag, lässt ihn halt weg. Dann sind die Pommes nicht mehr so orientalisch, aber immer noch Fast Food vom Feinsten.

So wird's gemacht: Den Backofen so vorheizen, wie es auf der Packung steht. **1 kg dünne Pommes Frites** zum Aufbacken aus der Tiefkühltruhe auf einem Blech verteilen und so lange backen, wie es auf der Tüte steht. Derweil **je 1 EL süßes Paprikapulver** und **Lieblings-Currypulver** mit je **1 TL Meersalz** und **gemahlenem Kreuzkümmel** sowie **½ TL frisch gemahlenem schwarzem Pfeffer** mischen und in eine große Schüssel geben. Fertige Pommes darin schwenken und servieren. Dazu gibt's noch **Zitronensaft** zum Drüberträufeln.

MILCHREIS KOCHEN

Erst in Wasser: Für 4 Leute wird 1 l Wasser aufgekocht, dann kommt ½ TL Salz dazu. Dann 250 g Milchreis darin 10 Minuten kochen. Mit dieser Methode wird er leichter und brennt weniger an.

Dann in Milch: Nun den Reis in das Sieb abgießen und wieder in den Topf geben. Dort mit 3 Kaffeetassen (bzw. 750 ml) Milch unter Rühren bei mittlerer Hitze aufkochen. Nun 10 Minuten bei kleinster Hitze quellen lassen.

Wer mag, mit Ei: Dazu 1 Ei trennen und das Eiweiß zu cremigem Schnee schlagen. Das Eigelb in den Reis rühren, ⅓ vom Eischnee unterrühren, den Rest locker unterheben. Mit Zimtzucker und Himbeersirup essen.

DIE JETZT-ABER-WOCHE

Kommt nur her, ich krieg' euch schon!

JA GENAU, GIB'S IHNEN.

Nun aber rein in die Schürzen!

Wer kann, der kann – und wir können jetzt schon eine Menge. Darum packen wir das Huhn bei den Schenkeln und braten die asiatisch gewürzt im Ofen. Und machen ein Omelett – mit Brot drin! Danach trauen wir uns sogar an Sushi ran und wundern uns, warum da immer so ein Aufstand drum gemacht wird – geht doch ganz easy. Jetzt aber ran an den Herd.

Einkaufszettel
fürs Wochenende

Gemüse und Obst
- 300 g Zuckerschoten
- 400 g Kirschtomaten
- 1 weiße Zwiebel
- 1 haselnussgroßes Stück Ingwer
- 1 Limette
- 1 Bund Basilikum
- 1 Bund Dill
- 1 Bund Schnittlauch
- 1 Bund Petersilie

Aus der Kühltheke
- 4 Hähnchenschenkel (je etwa 250 g)
- 600 g festes Fischfilet (z. B. Kabeljau, Rotbarsch)
- 1 Kugel Mozzarella (125 g)
- Butter (mind. 2 EL)
- 100 g Sahne

Aus dem Regal
- Sesamsamen (mind. 1 TL)
- 4 Scheiben Vollkornbrot
- Kapern (mind. 2 EL)
- süße Chilisauce (mind. 3 EL)
- Apfelsaft (mind. 200 ml)
- Orangensaft (mind. 100 ml)
- trockener Weißwein (mind. 100 ml)
- 6 Eier (Größe M)

Schon in der Küche:

Meersalz, schwarzer Pfeffer in der Mühle, Zucker, 1 EL Mehl, 1 EL Honig, gut ¼ l Sojasauce, 150 ml Pflanzenöl

Einkaufszettel
für die Woche

Gemüse und Obst
- 1 kg kleine festkochende Kartoffeln
- 1 Bund Rucola
- 1 nicht zu reife Avocado
- 4 Stauden Chicorée
- 2 Schalotten
- 1 walnussgroßes Stück Ingwer
- 1 Zitrone
- 1 Orange

Aus der Kühltheke
- 300 g Lachs (sehr frischer roher oder milder Räucherlachs)
- tiefgekühlter Blattspinat (mind. 150 g)
- 80 g geriebener aromatischer Käse (z. B. Gouda)
- Milch (mind. ⅛ l)

Aus dem Regal
- Cayennepfeffer
- ganze, ungeschälte Haselnusskerne (mind. 150 g)
- Sesamsamen (mind. 6 EL)
- grüne Teeblätter (mind. 1 TL)
- 1 Nori-Blatt (das sind die grünen Algenblätter, in die Sushi eingerollt werden, gibt's im Asienladen)
- 500 g Risottoreis
- 50 g getrocknete Tomaten in Öl
- 1 Tube Wasabi (grüner japanischer Meerrettich, gibt's auch im Asienladen)
- Gemüsebrühe (mind. 150 ml)
- Fischfond (mind. 600 ml, aus dem Glas)
- heller Essig (Reis- oder Obstessig, mind. 150 ml)
- 2 Eier (Größe M)

Entdecker
SAMSTAG

Hähnchen mit Zuckerschotensalat

Nach Brust, Flügel und allen Teilen auf einmal kommen jetzt die Schenkel solo dran. An denen können wir das Tranchieren schon mal üben.

ZUTATEN FÜR 4 PERSONEN

1 TL Sesamsamen
200 ml Apfelsaft
100 ml Orangensaft
⅛ l Sojasauce
3 EL süße Chilisauce
1 EL Honig
300 g Zuckerschoten
1 Bund Basilikum
1 haselnussgroßes Stück Ingwer
Saft von 1 Limette
4 Hähnchenschenkel (je etwa 250 g)

Zubereitungszeit: 25 Minuten
Garzeit: 20 Minuten
Pro Portion ca. 450 kcal

1 Die Sesamsamen in einem Topf ohne Fett goldgelb rösten und mit Apfel- und Orangensaft sowie 100 ml Sojasauce und 1 EL Chilisauce ablöschen. Diese Mischung mit dem Honig bei kleiner Hitze in etwa 10 Minuten auf die Hälfte einkochen lassen.

2 Zuckerschoten und Basilikum abbrausen und trocken schütteln. Zuckerschoten schräg in Streifen schneiden. Basilikumblätter kleiner zupfen. Ingwer schälen und fein reiben, mit dem Limettensaft und der übrigen Soja- und Chilisauce verrühren. Die Zuckerschoten damit vermengen.

3 Den Backofen auf 220 °C (Umluft 200 °C) vorheizen und ein Blech auf der mittleren Schiene einschieben. Die Hähnchenschenkel im Gelenk dort durchschneiden, wo es am leichtesten geht: Man kann die Stelle ertasten, wenn man den Unterschenkel hin- und herbewegt. Ober- und Unterschenkel auf der Hautseite je 2- bis 3-mal einschneiden.

4 Die Hähnchenteile in einer Schüssel mit der Marinade vermischen, dann mit der Hautseite nach oben aufs heiße Blech legen und im Ofen 20 Minuten braten, dabei zweimal mit der Marinade bestreichen. Das Basilikum unter den Salat mischen und den Salat zu den Hähnchenteilen servieren.

Dazu schmeckt Basmatireis.

Entdecken: Zuckerschoten

Wenn es die beim Gemüse gibt – mitnehmen. Das Fädenziehen entfällt inzwischen fast immer, meistens müssen sie nur abgebraust werden. Und dann können sie gleich in feine Streifen geschnitten werden. So machen sie Salate knackig und knusprig und geben ihnen eine frische Süße. Kleine Schoten können im Ganzen, größere quer halbiert in Suppen gegart, im Wok gebraten oder als Rahmgemüse gedünstet werden.

Basic
SONNTAG

Fischfilet mit Schmortomaten

Geschmort wird hier nicht nur das Gemüse, sondern auch der Fisch. Ein großzügiger Schuss Sahne macht's rund – ausnahmsweise, weil Sonntag ist.

ZUTATEN FÜR 4 PERSONEN
+ EIN ZAUBERESSEN AM MONTAG!

400 g Kirschtomaten
1 Bund Dill
600 g festes Fischfilet (z. B. Kabeljau, Rotbarsch)
1 weiße Zwiebel
2 EL Butter
Meersalz
2 EL Kapern
100 ml trockener Weißwein
100 g Sahne
frisch gemahlener schwarzer Pfeffer

Zubereitungszeit: 30 Minuten
Pro Portion ca. 195 kcal

1 Die Tomaten waschen und vierteln. Den Dill abbrausen und trocken schütteln, die Spitzen abzupfen. Den Fisch in vier Portionen teilen. Die Zwiebel schälen und würfeln.

2 Die Butter in einer Pfanne bei mittlerer Hitze zerlassen. Den Fisch salzen, in der Pfanne auf jeder Seite 30 Sekunden anbraten und wieder herausnehmen. Die Zwiebelwürfel in der Bratbutter in 2 Minuten glasig dünsten.

3 Die Tomaten mit Kapern, Wein und Sahne in der Pfanne 5 Minuten kräftig kochen lassen, mit Meersalz und Pfeffer würzen. Die Hälfte der Sauce und die Hälfte der Tomaten für Montag herausnehmen.

4 Den Dill in die restlichen Schmortomaten einrühren. Den Fisch hineinsetzen und bei kleiner Hitze zugedeckt 5–6 Minuten garen, dabei öfters beschöpfen. Dann mit Lorbeerkartoffeln (Seite 32) servieren.

URSULA:

„Hm, der ist ja mit Sahne. Wobei, mmmh ...“

Zauber MONTAG

Brotomelett mit Schmortomaten

Wem Omelett zu professionell klingt, der darf auch gerne Tortilla dazu sagen. Denn so leicht wie die ist dieses Gericht gemacht: braten, stocken, ziehen lassen, fertig.

ZUTATEN FÜR 4 PERSONEN

4 Scheiben Vollkornbrot
1 Bund Schnittlauch
1 Bund Petersilie
1 Kugel Mozzarella (125 g)
6 Eier
Meersalz
4 EL Öl
übrige Schmortomaten mit Sauce vom Sonntag

Zubereitungszeit: 30 Minuten
Pro Portion ca. 490 kcal

1 Das Vollkornbrot in Würfel schneiden. Die Kräuter waschen und trocken schütteln. Den Schnittlauch aufs Brett legen, an der Spitze 4–5 cm abscheiden und neben den übrigen Schnittlauch legen, dann alles in Röllchen schneiden. Die Petersilienblätter abzupfen und hacken. Den Mozzarella abtropfen lassen und würfeln, die Eier locker mit ¼ TL Meersalz verschlagen und mit den Mozzarellawürfeln mischen.

2 In einer großen beschichteten Pfanne das Öl erhitzen und die Brotwürfel darin bei mittlerer Hitze anbraten. Die Kräuter untermischen und die Eier samt Mozzarella darübergießen. Die Hitze auf kleinste Stufe reduzieren, einen Deckel auf die Pfanne legen und das Omelett in 8–10 Minuten stocken lassen.

3 Inzwischen die Schmortomaten mit Sauce in einem Topf erhitzen. Das Brotomelett auf Teller verteilen und die Schmortomaten dazu servieren.

Dazu passt außerdem ein grüner Salat.

URSULA:

„Omelett? Das geht doch wie von selbst!"

SEBASTIAN: „Genau – heute ist ja auch Zaubermontag."

Wohlfühl DIENSTAG

Kartoffelsalat de luxe

„De luxe“ heißt nicht, dass einen der Salat arm macht. Er ist einfach reich – an Nüssen, an Avocado und an Aroma. Deswegen kann man ihn auch solo servieren.

ZUTATEN FÜR 6–8 PERSONEN

1 kg kleine festkochende Kartoffeln
Meersalz
150 g ganze, ungeschälte Haselnusskerne
5 EL Öl
Zucker
2 Schalotten
1 Zitrone
½ Orange
Cayennepfeffer
1 Bund Rucola
1 nicht zu reife Avocado

Zubereitungszeit: 40 Minuten
Marinierzeit: 1 Stunde
Pro Portion (bei 8) ca. 325 kcal

1 Den Ofen auf 200 °C (Umluft 180 °C) vorheizen. In einem Topf Wasser aufkochen. Die Kartoffeln gründlich waschen und mit Meersalz ins kochende Wasser geben. In etwa 20 Minuten bissfest kochen.

2 Inzwischen die Haselnusskerne mit 1 EL Öl, 1 TL Zucker und ½ TL Meersalz auf einem Blech vermengen und im heißen Ofen auf der mittleren Schiene 10 Minuten anrösten. Herausnehmen und abkühlen lassen.

3 Die Schalotten schälen und fein würfeln. Die Zitrone und die halbe Orange auspressen. Den Saft mit Meersalz, etwas Zucker und Cayennepfeffer würzen und das übrige Öl unterrühren.

4 Die gegarten Kartoffeln abgießen und möglichst heiß pellen – das geht leichter, wenn man sie wie Eier einzeln vorher in kaltem Wasser „abschreckt“. Die Kartoffeln halbieren und noch heiß mit dem Zitrusdressing und den Haselnüssen vermengen. Den Salat 1 Stunde durchziehen lassen.

5 Kurz vor dem Essen den Rucola waschen, trocken schütteln und in mundgerechte Stücke teilen. Harte Stiele abknipsen. Die Avocado am Stein entlang halbieren, entsteinen und schälen, nochmals längs halbieren und die Viertel in Scheiben schneiden. Rucola und Avocadoscheiben sofort mit dem Salat vermengen und noch mal mit Meersalz abschmecken. Am besten gleich servieren.

Veggie MITTWOCH

Chicorée-Gratin

Die Käsesauce ist ein prima Versteck für Gemüse, die am Tisch nicht immer beliebt sind. Außer mit Chicorée ist das Gratin auch fein mit halbiertem Lauch oder Chinakohlvierteln.

ZUTATEN FÜR 4 PERSONEN

50 g getrocknete Tomaten in Öl + 3 EL Tomatenöl
150 ml Gemüsebrühe
1 EL Mehl
⅛ l Milch
4 Stauden Chicorée
Meersalz
frisch gemahlener schwarzer Pfeffer
80 g geriebener aromatischer Käse (z. B. Gouda)
2 Eigelb

Zubereitungszeit: 30 Minuten
Backzeit: 20 Minuten
Pro Portion ca. 230 kcal

1 Die Tomaten abtropfen lassen und in nicht zu kleine Würfel schneiden. In einem kleinen Topf mit der Brühe kurz aufkochen und zur Seite stellen.

2 Das Tomatenöl in einem Topf erhitzen. Das Mehl dazugeben und verrühren, bis sich Öl und Mehl gut verbunden haben. Den Topf vom Herd ziehen und unter kräftigem Rühren mit dem Schneebesen 100 ml Milch dazugießen. Die Brühe mitsamt den Tomaten dazugießen und alles schnell aufkochen, dabei immer wieder mit dem Schneebesen rühren, damit nichts anbrennt. Die Sauce 10 Minuten unter häufigem Rühren kochen lassen.

3 Inzwischen den Chicorée vom Strunk befreien, der Länge nach halbieren und im Sieb kalt abspülen. Den Backofen auf 200 °C (Umluft 180 °C) vorheizen. Eine ofenfeste Form mit 1 EL Tomatenöl fetten und die Chicoréehälften mit der Schnittfläche nach oben hineinlegen, salzen und pfeffern.

4 Den Käse in die Sauce rühren, bis er geschmolzen ist. Die Sauce mit Salz und Pfeffer würzen. Den Topf vom Herd ziehen. Die Eigelbe mit der übrigen Milch verquirlen und in die Sauce rühren. Die Sauce über den Chicorée gießen. Die Form auf den Rost (mittlere Schiene) in den heißen Ofen stellen und das Gratin 15–20 Minuten backen.

Dazu schmeckt Brot.

SEBASTIAN: „Übrigens, wir machen hier eine Mehlschwitze. Was das ist und wie das genau geht, steht auf Seite 133.“

URSULA:

„Also, einfach gut aussehen tun sie schon mal."

Basic
DONNERSTAG

Easy Sushi

„Onigiri" heißen diese Bällchen, die man sich in Japan selbst rollt mit allem dran und drin, was zu Sushi gehört: Reis, Ingwer, feiner Fisch, Algen und Sesam.

ZUTATEN FÜR 20 STÜCK

+ EIN ZAUBERESSEN AM FREITAG!

500 g Risottoreis

6 EL Sesamsamen

1 walnussgroßes Stück Ingwer

1 Nori-Blatt

300 g Lachs (sehr frischer roher oder milder Räucherlachs)

5 EL heller Essig + 100 ml zum Formen (im Original Reisessig, Obstessig geht aber auch)

3 TL Meersalz

3 TL Zucker

Sojasauce (am besten japanische) zum Dippen

Wasabi (japanischer Meerrettich) nach Wunsch

Zubereitungszeit: 1 Stunde
Pro Stück ca. 75 kcal

1 Den Reis in einem Sieb mit kaltem Wasser abspülen, bis nach gut 1 Minute das Wasser relativ klar ist. Den Reis 15 Minuten abtropfen lassen. Inzwischen den Sesam in einer Pfanne ohne Fett goldgelb rösten und abkühlen lassen. Den Ingwer schälen und vierteln. Das Nori-Blatt mit einer Schere in etwa 1 cm große Stücke schneiden. Den Lachs fein würfeln.

2 Den Reis mit dem Ingwer und 600 ml heißem Wasser in einen Topf geben und aufkochen. Einen Schluck kaltes Wasser zugeben und den Reis offen gut 5 Minuten bei kleiner Hitze quellen lassen. Nun den Topf vom Herd ziehen und den Reis weitere 10 Minuten quellen lassen, bis er bissfest ist. Ingwer herausholen und fein würfeln.

3 Den Reis locker in einer großen Schüssel verteilen und 10 Minuten abkühlen lassen, dabei öfter mit einem Kochlöffel auflockern, ohne ihn zu drücken. Wenn der Reis handwarm ist, 5 EL hellen Essig bzw. Reisessig mit Meersalz und Zucker verrühren und behutsam mit den Händen unter den Reis mengen.

4 2 EL Sesam sowie Nori-Stücke, Lachswürfel und Ingwer behutsam unter den Reis mischen, ohne diesen zu drücken. 100 ml Essig mit einer Tasse kaltem Wasser mischen. Den Reis in etwa 40 Portionen teilen, die Hände mit Essigwasser befeuchten und kleine Bällchen formen. Die Hälfte für Freitag zugedeckt in den Kühlschrank stellen, die restlichen Bällchen im übrigen Sesam wälzen. Die Sojasauce nach Wunsch mit ein wenig Wasabi verrühren und in eine Schale geben. Die Onigiri mit den Fingern eindippen.

Zauber FREITAG

Asia-Suppe mit Reisbällchen

Für Japaner ist das wie Pommes mit Mayo – wahres Wohlfühlfutter. Statt Fischfond nehmen sie Dashi, das ist ein Sud aus getrocknetem Fisch und Algen, den es zum Anrühren im Asienladen gibt. Einfach mal ausprobieren.

ZUTATEN FÜR 4 PERSONEN

150 g tiefgekühlter Blattspinat
übrige Easy Sushi vom Donnerstag
1 TL grüne Teeblätter
4 EL Öl
4 EL Sojasauce (am besten japanische)
600 ml Fischfond (aus dem Glas)
Meersalz

Zubereitungszeit: 20 Minuten
Pro Portion ca. 565 kcal

1 Den Spinat in einem Sieb auftauen lassen. Die Easy Sushi 30 Minuten vor der Zubereitung aus dem Kühlschrank nehmen.

2 200 ml Wasser aufkochen und stehen lassen. Inzwischen den aufgetauten Spinat ausdrücken und grob hacken. Den grünen Tee mit dem heißen Wasser überbrühen, 3 Minuten ziehen lassen und durch ein Sieb abgießen.

3 Das Öl in einer großen beschichteten Pfanne erhitzen. Die Reisbällchen darin 4–5 Minuten unter häufigem Wenden braten, bis sie goldbraun sind. Die Sojasauce darübergießen und die Reisbällchen noch 1 Minute darin schmoren lassen.

4 Den Fischfond mit dem Spinat aufkochen, leicht salzen und vom Herd ziehen. Den heißen Tee dazugießen. Die Reisbällchen auf Suppenschalen verteilen und den Tee-Fisch-Fond mit dem Spinat darübergießen. Gleich essen.

Wie mach ich ... ?

Birnenpudding

Wer Schokoladenpudding kochen kann, der kann auch Birnenpudding kochen.

- Und wem selbst das Schälen und Dünsten noch zu viel ist, der darf auch Birnen in Sirup aus der Dose nehmen (dann statt Saft 200 ml Sirup und 100 ml Wasser nehmen).
- Schmeckt übrigens auch fein mit Vanillepudding, und dann noch feiner mit Äpfeln. Die gibt's nur leider nicht in Dosen ...

So wird's gemacht: 300 ml Birnen- oder Apfelsaft mit **2 EL Zucker** in einen Topf geben und 5 Minuten bei kleiner Hitze kochen lassen. **2 aromatische Birnen** (z. B. Williams, Santa Maria) waschen, schälen und halbieren. Das Kerngehäuse entfernen und das Fruchtfleisch würfeln. Das kommt zum Saft und wird in 2–3 Minuten gerade knapp weich gekocht. Von **200 g Sahne** 5 EL abnehmen und damit **1 Päckchen Schokopuddingpulver** verrühren. Die übrige Sahne zu den Birnen geben, bei mittlerer Hitze aufkochen und vom Herd ziehen. Nun das Puddingpulver einrühren und alles noch 2 Minuten kochen lassen. Den Pudding in Schalen füllen und abkühlen lassen.

Pesto rosso

Als Deutschland die getrockneten Tomaten entdeckte, zog das rote Pesto gleich mit in die Küchen ein.

- Und ist jetzt nicht mehr wegzudenken, wenn es um einen würzigen originellen Kick für Pasta, Bruschetta oder auch zu Gegrilltem geht.
- Ein bisschen Grün ist bei diesem Lieblingsrezept trotzdem mit dabei – Petersilie passt einfach perfekt zur Trockentomate.

So wird's gemacht: **100 g getrocknete Tomaten in Öl** im Sieb abtropfen lassen und grob hacken. **1 Bund Petersilie** waschen und trocken schütteln, die Blätter abzupfen und fein hacken. **1 Knoblauchzehe** schälen und in Scheiben schneiden. Alles mit **50 g frisch geriebenem Parmesan**, **4 EL Olivenöl** und **je 1 Prise Zucker** und **frisch gemahlenem schwarzem Pfeffer** mit dem Pürierstab pürieren oder im Mörser zerkleinern. Hält im Kühlschrank verschlossen 1–2 Wochen.

„Nach einer guten Mahlzeit kann man allen verzeihen."

Oscar Wilde

EINE MEHLSCHWITZE MACHEN

Für Suppe und Sauce: Die Mehlschwitze ist die klassische Bindung für Flüssiges in der Küche – und bekömmlicher als Crème fraîche. Für ½ l Sauce oder 1 l Suppe brauchen wir je 2 EL Butter und Mehl.

Zuerst schwitzen: Die Butter wird im Topf bei mittlerer Hitze zerlassen, dann wird das Mehl dazugerührt, bis sich alles gut vermischt hat und schäumt – das nennt man „anschwitzen".

Heiß und kalt: Die heiße Mehlschwitze wird mit kalter Flüssigkeit aufgegossen, wobei der Schneebesen stets fleißig rührt – dann klumpt nichts. Nun schnell aufkochen – dann brennt nichts an. Bei kleiner Hitze 10 Minuten kochen lassen – dann schmeckt's nicht nach Mehl. Noch schneller, aber mit erhöhter Klumpgefahr geht's so: abgekühlte Mehlschwitze gleich mit heißer Flüssigkeit aufgießen und aufkochen.

DIE ÜBERFLIEGER-WOCHE

Ich koche und lache. Wer hätte das gedacht?

IRGENDWANN ERWISCHT'S JEDEN.

Guten Appetit? Erst mal: Guten Spaß!

Jetzt kann kommen, was will, wir sind im Flow. Muscheln kochen, Pizza backen, Schnitzel braten? Kein Problem, immer nur her damit. Risotto ohne Rühren, Rösti ohne Kartoffeln, Linsen im Glas? Schaffen wir auch, denn dies ist die Woche der großen Wunder. Nach der hat keiner mehr Angst vor seinem inneren Kochmuffel.

Schon in der Küche:

Meersalz, schwarzer Pfeffer in der Mühle, 3 EL Currypulver + ein bisschen mehr, 2 Lorbeerblätter, 1 kg Mehl, 2 EL mittelscharfer Senf, 410 ml Olivenöl, 2 EL Pflanzenöl

Einkaufszettel fürs Wochenende

Gemüse und Obst

- 2 Fenchelknollen (etwa 600 g)
- 2 Fleischtomaten
- 4 Knoblauchzehen
- 2 Bio-Zitronen
- 2 Zitronen
- 2 Bund Petersilie
- 1 Bund Schnittlauch

Aus der Kühltheke

- 1 kg Miesmuscheln
- 500 g rohe Garnelen mit Schale
- 8 kleine Hähnchenbrustfilets (je 120–150 g)
- 200 g Parmesan am Stück
- 2 Kugeln Mozzarella (je 125 g)
- Butter (mind. 4 EL)
- Milch (mind. 200 ml)

Aus dem Regal

- Weizengrieß (mind. 150 g)
- trockener Sherry (mind. 5 cl)
- 4 Eier (Größe M)

Einkaufszettel für die Woche

Gemüse und Obst

- 1 Bund Suppengrün
- 400 g Wurzelgemüse nach Saison (z. B. Kohlrabi oder Möhren im Frühling/Sommer und Steckrüben oder Knollensellerie im Herbst/Winter)
- 200 g Kirschtomaten
- 2 Lauchzwiebeln
- 1 weiße Zwiebel
- 1 Bio-Zitrone

Aus der Kühltheke

- 500 g tiefgekühlter Rahmspinat
- 200 g cremiger Frischkäse
- 200 g Naturjoghurt
- 400 g Seidentofu
- 50 g Parmesan am Stück
- Butter (mind. 100 g)
- ½ l Milch

Aus dem Regal

- rote Linsen (mind. 200 g)
- 500 g Risottoreis
- 1 Päckchen Backpulver
- 100 g Nüsse oder Kerne nach Wunsch (z. B. Mandelstifte, Pinien- oder Erdnusskerne, grob gehackte Hasel- oder Walnusskerne)
- 1 Dose stückige Tomaten (400 g)
- 2,2 l Gemüsebrühe
- trockener Weißwein (mind. ⅛ l)
- 7 Eier (Größe M)
- 4 EL grünes Curryöl (Seite 33) oder grünes Pesto aus dem Glas

Basic
SAMSTAG

Meeresfrüchtetopf mit Fenchel

Muscheln brauchen nicht viel Flüssigkeit zum Kochen, da sie selbst genug Sud abgeben. Und der schmeckt unverdünnt besonders intensiv.

ZUTATEN FÜR 4 PERSONEN

1 kg Miesmuscheln
500 g rohe Garnelen mit Schale
2 Lorbeerblätter
4 Knoblauchzehen
2 Fenchelknollen (etwa 600 g)
3 Zitronen (davon 1 Bio)
4 EL Olivenöl
5 cl trockener Sherry

Zubereitungszeit: 40 Minuten
Pro Portion ca. 240 kcal

1 Die Muscheln 3 Minuten in eiskaltes Wasser legen. Alle, die danach noch offen stehen, wegwerfen – sie leben nicht mehr. Die Garnelen im Sieb kalt abspülen.

2 Die Lorbeerblätter einreißen, dann sind sie aromatischer. Knoblauch schälen und hacken. Fenchel waschen, putzen, der Länge nach vierteln und den harten Strunk aus der Mitte keilförmig herausschneiden, die Viertel quer in Streifen schneiden. 2 Zitronen auspressen, die Bio-Zitrone heiß waschen, abtrocknen und die Schale etwa bis zur Mitte der Zitrone mit dem Sparschäler so dünn abschneiden, dass nichts Weißes dabei ist. Dann die Zitrone mit einem Messer ganz schälen und das Fruchtfleisch in gut 1 cm große Würfel schneiden.

3 Das Öl im größten Topf des Hauses mittelheiß werden lassen. Fenchel darin mit Lorbeer und Zitronenschale 5 Minuten dünsten. Zitronensaft und Knoblauch zugeben und zugedeckt bei kleiner Hitze 10 Minuten kochen lassen.

4 Nun Muscheln, Garnelen und den Sherry dazugeben. Die Meeresfrüchte bei großer Hitze 5 Minuten zugedeckt garen, dabei öfters den Topf rütteln. Zum Schluss die Zitronenstücke untermischen und den Meeresfrüchtetopf noch 1 Minute ziehen lassen. Dann zu Tisch bringen, wo tiefe Teller für die Schalen und viele Servietten für die Finger bereitstehen. Und zum Sattwerden auch die Brotfritten (Seite 72).

URSULA:

„Meeresfrüchte – das ist doch nur was für Profis!"

SEBASTIAN: „Ganz ehrlich – kaum etwas geht in der Küche leichter als Muscheln kochen. Die Arbeit kommt erst beim Essen – aber da sind wir dann ja nicht mehr alleine."

Wohlfühl SONNTAG

Hähnchenschnitzel Gremolata

Jetzt geht's ans Schnitzelmachen auf die italienische Art. Aber Wiener Schnitzel funktionieren im Prinzip genauso.

ZUTATEN FÜR 4 PERSONEN
+ EIN ZAUBERESSEN AM MONTAG!

1 Bio-Zitrone
2 Bund Petersilie
200 g frisch geriebener Parmesan
150 g Weizengrieß
8 kleine Hähnchenbrustfilets (je 120–150 g)
4 Eier
200 ml Olivenöl
etwa 200 g Mehl
Meersalz
frisch gemahlener schwarzer Pfeffer
4 EL Butter
Und: Tiefkühltüte

Zubereitungszeit: 45 Minuten
Pro Portion ca. 620 kcal

1 Die Zitrone heiß waschen und abtrocknen, die Schale dünn abreiben und eine Hälfte in vier Spalten teilen. Petersilie waschen und gut trocken schütteln, die Blätter abzupfen und fein hacken. Mit Zitronenschale, Parmesan und Grieß in einem tiefen Teller gut vermischen.

2 Die Hähnchenbrustfilets in eine Tiefkühltüte stecken und mit der flachen Seite des Fleischklopfers oder einem schweren Stieltopf zu dünnen Schnitzeln klopfen.

3 Die Eier mit 2 EL Öl in einem tiefen Teller verquirlen, etwas Mehl in einen dritten Teller geben. Schnitzel salzen und pfeffern. Das erste Schnitzel im Mehl wenden, das überschüssige Mehl abklopfen. Das Schnitzel durchs Ei ziehen und gut abtropfen lassen. Dann in die Grießmischung legen, den Teller etwas schütteln, Schnitzel wenden und den Teller wieder schütteln. Schnitzel ablegen und mit dem nächsten weitermachen, immer wieder Mehl in den dritten Teller geben. Zu zweit oder zu dritt kann man eine richtige „Panierstraße" aufmachen.

4 Das übrige Öl mit der Butter in einer großen Pfanne erhitzen – es muss so viel Fett sein, dass die Schnitzel zur Hälfte darin liegen. Schnitzel darin bei mittlerer Hitze auf einer Seite in etwa 2 Minuten goldgelb braten, wenden und noch mal 1–2 Minuten braten, dabei öfters mithilfe eines Löffels mit etwas Fett beschöpfen, damit die Panierung schön aufgeht. Auf diese Weise alle Schnitzel braten, 4 für Montag zur Seite stellen. Die übrigen mit Zitronenschnitzen servieren.

Dazu schmecken Pommes Oriental (Seite 113).

Schnitzel-Gratin mit Mozzarella

Auch wenn es nicht so aussieht – das ist das mächtigste Gericht in diesem Buch. Deswegen kann man es auch in sechs kleineren Portionen zum Abendbrot verspeisen.

ZUTATEN FÜR 4–6 PERSONEN

4 übrige Gremolata-Schnitzel vom Sonntag
2 Fleischtomaten
2 Kugeln Mozzarella (je 125 g)
2 EL Olivenöl
Meersalz
frisch gemahlener schwarzer Pfeffer
1 Bund Schnittlauch
200 ml Milch

Zubereitungszeit: 15 Minuten
Backzeit: 25 Minuten
Pro Portion (bei 6) ca. 625 kcal

1 Die Schnitzel halbieren. Die Tomaten waschen und ohne die Stielansätze in nicht zu dünne Scheiben schneiden. Den Mozzarella abtropfen lassen und ebenso in Scheiben schneiden. Eine flache ofenfeste Form mit 1 EL Olivenöl ausstreichen und darin abwechselnd Schnitzel, Tomaten und Mozzarella auffächern. Mit Meersalz und Pfeffer würzen.

2 Den Ofen auf 200 °C (Umluft 180 °C) vorheizen. Den Schnittlauch waschen und trocken schütteln, aufs Brett legen, an der Spitze 4–5 cm abscheiden und neben den übrigen Schnittlauch legen, dann alles in Röllchen schneiden und mit der Milch vermischen. Die Schnittlauchmilch über das Gratin gießen und das Ganze mit dem restlichen Olivenöl beträufeln. Die Form auf den Rost (mittlere Schiene) in den heißen Ofen stellen und das Gratin 20–25 Minuten überbacken.

Dazu schmeckt Brot.

Wohlfühl DIENSTAG

Pizza Bianca

Die bringt der Pizza-Express auch nicht schneller auf den Tisch. Der Trick: Backpulver statt Hefe. Merkt keiner. Und alle werden sowieso nur vom Belag reden.

ZUTATEN FÜR 6–8 PERSONEN BZW. 1 BLECH

Für den Belag

200 g cremiger Frischkäse
50 g Naturjoghurt
1 TL mittelscharfer Senf
400 g Seidentofu
4 EL grünes Curryöl (Seite 33) oder grünes Pesto aus dem Glas

Für den Teig

½ l Milch
750 g Mehl + Mehl für die Arbeitsfläche
1 Päckchen Backpulver
1 TL Meersalz
100 ml Olivenöl
1 EL Zitronensaft
Und: Nudelholz
Backpapier

Zubereitungszeit: 30 Minuten
Backzeit: 15 Minuten
Pro Portion (bei 8) ca. 600 kcal

1 Den Frischkäse mit Joghurt und Senf verrühren. Den Tofu abtropfen lassen und in Scheiben schneiden. Curryöl bzw. Pesto auf den Tofuscheiben verteilen.

2 Den Ofen auf 250 °C vorheizen (Umluft 220 °C). Für den Teig die Milch lauwarm erhitzen. Das Mehl mit Backpulver und Salz mischen. Wer eine Küchenmaschine hat, gibt das Mehl in die Rührschüssel und mengt mit dem Knethaken das Öl unter. Nun nach und nach die lauwarme Milch und den Zitronensaft zugeben und weiterkneten, bis ein seidig-glatter, fester, aber elastischer Teig entstanden ist. Ist er rissig, noch etwas Milch zugeben. Klebt er, noch Mehl zugeben. Wer keine Küchenmaschine hat, macht das mit der Hand, erst in einer großen Schüssel und dann auf dem Brett, wo der Teig durchgewalkt wird. Das dauert und erfordert Handarbeit, verhilft aber zu Ruhe und Kraft.

3 Teig auf bemehlter Arbeitsfläche flach drücken, dann mit dem bemehlten Nudelholz zu einem Rechteck in Backblechgröße ausrollen – das geht am besten, wenn man von der Mitte aus schräg in die Ecken rollt. Teigfladen auf dem Nudelholz aufrollen und auf dem mit Backpapier belegten Blech wieder ausrollen.

4 Den Teig mit der Frischkäsecreme bestreichen und mit Tofu belegen. Das Blech für 5 Minuten auf den Boden des heißen Ofens schieben, dann die Pizza weitere 5 Minuten auf der obersten Schiene backen, bis sie am Rand goldbraun und knusprig ist. Die Pizza vom Blech auf ein Schneidbrett ziehen. Mit einem großen Messer zu Tisch bringen und aufschneiden.

Basic
MITTWOCH

Ei im Glas mit Currylinsen

Wozu Eier riskant pochieren, wenn man sie auf diese Weise auf Nummer sicher servieren kann? Die Linsen sind dann noch lauwarm, was fein schmeckt.

ZUTATEN FÜR 4 PERSONEN

1 Bund Suppengrün
2 EL Öl
3 EL Lieblings-Currypulver + ein bisschen mehr
1 Dose stückige Tomaten (400 g)
400 ml Gemüsebrühe
200 g rote Linsen
150 g Naturjoghurt
Meersalz
frisch gemahlener schwarzer Pfeffer
4 Eier

Zubereitungszeit: 20 Minuten
Garzeit: 20 Minuten
Pro Portion ca. 330 kcal

1 Das Suppengrün waschen, putzen und falls nötig schälen, dann in Würfel schneiden. Das Öl im Topf erhitzen und das Suppengrün darin bei mittlerer Hitze 5 Minuten braten, es darf ruhig ein bisschen braun werden.

2 3 EL Currypulver einrühren und einmal heiß werden lassen. Die Tomaten und die Gemüsebrühe dazugießen, dann die Linsen dazugeben und alles 15–20 Minuten kochen lassen, bis die Linsen fast weich sind. Den Joghurt einrühren, mit Meersalz und Pfeffer würzen und in Gläser füllen, die groß genug sind, sodass das Ei auch noch reinpasst.

3 Die Eier in einem kleinen Topf mit heißem Wasser bedecken, aufkochen und dann noch 4 Minuten kochen lassen. Abgießen, abschrecken und behutsam pellen (das Gelbe ist jetzt noch weich). Die Eier auf den Currylinsen im Glas anrichten. Zum Schluss noch ein bisschen Currypulver drüberstreuen.

Dazu schmecken die Brotfritten (Seite 72).

URSULA:

„Eggs to go? Sehr hübsch."

URSULA:

„Risotto ohne Rühren? Gibt's ja nicht."

SEBASTIAN: „Doch, und der kommt sogar im Original aus Italien. Funktioniert aber nur, wenn man seinen Reis kennt und wirklich nicht rührt – nur zum Schluss mal ganz kräftig. Also fast ohne Rühren."

Veggie
DONNERSTAG

Rüben-Nuss-Risotto ohne Rühren

Na, zumindest fast ohne Rühren. Nur ganz am Anfang und zum Schluss muss der Löffel geschwungen werden, der Rest ist Quellen und Warten.

ZUTATEN FÜR 4 PERSONEN

+ EIN ZAUBERESSEN AM FREITAG!

1 weiße Zwiebel

400 g Wurzelgemüse nach Saison (siehe Seite 137)

100 g Nüsse oder Kerne nach Wunsch

6 EL Olivenöl

500 g Risottoreis

1¾ l Gemüsebrühe

⅛ l trockener Weißwein

Meersalz

50 g frisch geriebener Parmesan

4 EL Butter

Zubereitungszeit: 25 Minuten
Garzeit: 20 Minuten
Pro Portion ca. 655 kcal

1 Die Zwiebel schälen und in kleine Würfel schneiden. Das Wurzelgemüse putzen und schälen, dann in knapp 1 cm große Würfel schneiden. Die Nüsse bzw. Kerne in einer Pfanne ohne Fett anrösten, bis sie duften. Wieder herausnehmen.

2 Das Öl in einem großen, weiten Topf sanft erhitzen und die Zwiebel hineingeben. Den Deckel auflegen und die Zwiebel 5 Minuten dünsten. Jetzt die Hitze auf mittlere Stufe schalten, die Gemüsewürfel dazugeben, unterrühren und 1 Minute dünsten. Dann den Reis dazugeben und noch mal 5 Minuten dünsten, bis die Körner langsam durchsichtig werden.

3 Nebenbei in einem Topf die Brühe mit dem Wein aufkochen. Diese Mischung heiß zum Reis gießen. 1 TL Salz dazugeben, kurz mit dem Kochlöffel über den Topfboden fahren, damit nichts anhängt, dann den Deckel auflegen. Den Reis 15–20 Minuten zugedeckt bei kleiner Hitze köcheln lassen. Und nicht rühren – wenn man einmal anfängt, muss man immer weitermachen.

4 Am Ende sollte der Risotto suppig sein und das Korn noch Biss haben – er schwappt dann beim Ruckeln am Topf in Wellen, „alla onda" heißt das in Italien. Den Topf vom Herd ziehen, Nüsse, Parmesan und Butter dazugeben und alles 2 Minuten lang sanft verrühren, bis ein herrlich cremiger Risotto entstanden ist. Davon ein Viertel für Freitag beiseitestellen. Den Rest noch 2 Minuten mit Deckel ruhen lassen, und dann gleich essen – sonst wird er pampig.

Zauber FREITAG

Reisrösti mit Tomaten-Spinat

Die vielleicht beste Art, Risotto-Reste erneut in eine Delikatesse zu verwandeln. Im Frühjahr passt auch ein Salat aus jungem Spinat mit Tomaten dazu.

ZUTATEN FÜR 4 PERSONEN

2 Lauchzwiebeln
4 EL Butter
übriger Risotto vom Donnerstag
2 Eier
200 g Kirschtomaten
500 g tiefgekühlter Rahmspinat
1 Eigelb
1 EL mittelscharfer Senf
Meersalz
frisch gemahlener schwarzer Pfeffer

Zubereitungszeit: 20 Minuten
Pro Portion ca. 435 kcal

1 Die Lauchzwiebeln waschen und die Wurzeln sowie das dunkle Grün abschneiden. Die Zwiebeln dann in Ringe schneiden. 1 EL Butter in der Pfanne erhitzen und die Zwiebelringe darin 1 Minute dünsten. Wieder herausnehmen.

2 Den Risotto vom Donnerstag mit den Lauchzwiebeln und den Eiern gut vermengen. 2 EL Butter in einer beschichten Pfanne bei kleiner Hitze zerlassen und die Reismasse darin glatt verstreichen. In etwa 5 Minuten goldgelb braten.

3 Inzwischen die Tomaten waschen. In einem Töpfchen den Rahmspinat mit den Tomaten bei mittlerer Hitze erhitzen. Das gebratene Reisrösti mit dem Pfannenwender vierteln und die Viertel wenden, dabei die übrige Butter in die Pfanne geben.

4 Die Reisrösti etwa 3 Minuten weiterbraten. Dann den Spinat vom Herd ziehen und das Eigelb mit dem Senf einrühren. Den Tomaten-Spinat mit Meersalz und Pfeffer würzen und zu den Reisrösti servieren.

Wie mach ich … ?

Süße Schoko-Schweinerei

Es gibt Tage, da hat man einfach Lust auf so eine richtige Sauerei.

- Mit ganz viel Schokolade und Sahne zum Schlotzen und ohne jede Rücksicht auf Kalorien und Cholesterin.
- Dann gibt es bei Karvens so was – perfekt, um sich noch mehr oder endlich wieder wohl zu fühlen.

So wird's gemacht: Einen kleinen Topf mit Wasser aufkochen und vom Herd ziehen. **200 g dunkle Schokolade** (die man am liebsten mag) in Stücke brechen, in eine hitzefeste Schüssel geben und auf den Topf setzen, wo sie unter häufigem Rühren schmilzt. **1 Handvoll Baiser** in eine Tiefkühltüte geben und in Stücke klopfen. Auf ein Sieb schütten und den feinen Zucker raussieben – sonst wird das Ganze doch zu süß. **2 Bananen** schälen und längs halbieren, dann in 4 Gläser stecken. **300 g Sahne** steif schlagen. Die Baiserstücke sowie **4 EL Pistazienkerne** daraufgeben. Nun die geschmolzene Schokolade darübergießen und mit einem Löffel alles locker vermischen. In die Gläser füllen und gleich servieren.

Käsetoasts

Auch wenn eigentlich gar nichts im Haus ist – ein bisschen Brot, Ei und Käse findet sich immer.

• Und damit kann man schon diese Käsetoasts machen, die sich für alle Fälle des Essens eigenen: für den schnellen kleinen Hunger nach was Warmem zwischendurch oder in Dreiecke geschnitten als Beilage zu Gebratenem.

So wird's gemacht: Den Backofen auf 225 °C (Umluft 200 °C) vorheizen. **300 g Schnittkäse** (Gouda, Emmentaler oder was da ist) grob reiben und mit **2 Eigelben** sowie **4 EL Milch** verrühren. **8 Scheiben Toastbrot** auf ein Backblech legen und 1 Minute im Ofen anrösten, wenden und noch 1 Minute rösten. Die Käsemasse draufstreichen und die Toasts auf der obersten Schiene 5–6 Minuten backen, bis sie leicht bräunen. Wer mag, kann noch **1 EL Tomatenmark** und **1 EL Pesto** in die Masse rühren und das Ganze Pizzatoast nennen.

„Das Schönste am Kochen ist immer noch das Essen.“

Anonym

NUDELN KOCHEN

Die Mengen: Für 4 Leute nehmen wir 500 g Nudeln (manche Kochbücher wollen 400 g, aber wir sind hungrig!) und 4 l Wasser (eigentlich 1 l pro 100 g, aber dann ist der 5-l-Topf randvoll). Das Wasser mit Deckel auf höchster Stufe schnell zum Kochen bringen.

Das Kochen: Nun die Nudeln ins Wasser geben, 2 TL Meersalz dazu und die Hitze auf Mitte runterschalten. In der ersten Minute oft rühren, damit nichts zusammenklebt. Nach Packungsangabe kochen, gegen Ende öfter testen, ob die Nudeln noch hart sind oder den richtigen Biss haben.

Das Finale: Für Nudeln mit Sauce eine große Schüssel mit Sieb drin in die Spüle stellen, Nudeln hineingießen. Das Kochwasser aus der nun heißen Schüssel schütten. Nudeln rein, Sauce dazu, mischen, servieren. Für Nudelsalat oder -auflauf werden sie ohne Schüssel im Sieb kalt abgebraust, damit sie nicht kleben.

DIE JETZT-KANN-ICH'S-WOCHE

Sind wir nicht zauberhaft?

ALLES BEREIT FÜR LAS VEGAS.

Wir düsen nun im Sauseschritt!

Nun ist die Küche unser, und das Kochmuffeln gehört der Vergangenheit an – na, zumindest meistens. Das ist ein Grund zum Feiern, und zwar mit großen Gerichten, die keinen großen Aufwand erfordern und deswegen gut für Gäste sind. Und wenn alles vorbei ist, setzen wir uns ganz alleine mit einer Schale Nudelsuppe ins Eck und blicken zufrieden zurück und nach vorne. Denn jetzt liegt's bei uns – und das ist immer am besten.

Einkaufszettel
fürs Wochenende

Gemüse und Obst
- 2 Fenchelknollen (etwa 500 g)
- 1 Bio-Zitrone
- 3 Limetten
- 3 Bund Koriandergrün
- 2 Bund Dill

Aus der Kühltheke
- 2 Lachsforellen (je etwa 1,2 kg)
- 1 Brathähnchen (etwa 1½ kg)
- ¼ l Frittierfett (z. B. Kokosfett)

Aus dem Regal
- Fenchelsamen (mind. 1 TL)
- 5 kg Salz
- brauner Zucker (mind. 2 EL)
- Speisestärke (mind. 3 TL)
- Toastbrot (mind. 8 Scheiben)
- ungesüßte Kokosmilch (Dose, mind. 250 g)
- 6 Eier (Größe M)

Schon in der Küche:
Meersalz, schwarzer Pfeffer in der Mühle, Zucker, 4 Lorbeerblätter, 300 ml Sojasauce, 6 EL Reis- oder Obstessig, 4 EL Pflanzenöl, ⅛ l Olivenöl

Einkaufszettel
für die Woche

Gemüse und Obst
- 500 g festkochende Kartoffeln
- 1 Bund Rucola
- 200 g Strauchtomaten
- 2 Salatgurken
- 1 Bund Lauchzwiebeln
- 2 rote Zwiebeln
- 3 Knoblauchzehen
- 2 walnussgroße Stücke Ingwer
- 2 rote Chilischoten
- 1 Zitrone
- 1 Bund Dill
- 1 Bund Petersilie
- 2 Bund Schnittlauch
- 1 Bund Koriandergrün

Aus der Kühltheke
- 4 Stücke Feta (Schafskäse; je 150–200 g)
- 1 großes Brathähnchen (etwa 1½ kg)

Aus dem Regal
- 1 Zimtstange (etwa 4 cm)
- gesalzene Erdnusskerne (mind. 4 EL)
- 250 g dünne chinesische Weizennudeln (ersatzweise Linguine)
- 50 g schwarze Oliven ohne Stein
- Kapern (mind. 1 TL)
- Reiswein (mind. 350 ml; ersatzweise Sherry medium oder Apfelsaft)

Fisch
SAMSTAG

Lachsforelle im Salzmantel

Wenn groß gekocht wird, ist der Backofen meistens der beste Topf. Denn da kann man schon mal zwei ganze Fische mit ein paar Kilo Salz reinpacken.

ZUTATEN FÜR 4 PERSONEN
+ EIN ZAUBERESSEN AM MONTAG!

2 Lachsforellen (je etwa 1,2 kg)
2 Fenchelknollen (etwa 500 g)
2 Bund Koriandergrün
2 Bund Dill
1 TL Fenchelsamen
4 EL Olivenöl
5 kg Salz
4 Eiweiß
Und: Backpapier

Zubereitungszeit: 30 Minuten
Garzeit: 30 Minuten
Pro Portion ca. 475 kcal

1 Den Ofen auf 220 °C Umluft vorheizen. Die Fische innen und außen kalt abspülen und trocken tupfen. Den Fenchel waschen und putzen, der Länge nach vierteln und die Viertel dann quer samt Strunk in feine Streifen schneiden. Die Kräuter waschen, trocken schütteln und klein zupfen. Fenchelstreifen und Kräuter mit den Fenchelsamen und dem Olivenöl mischen und in die Bauchhöhlen der Fische füllen.

2 Das Salz mit den Eiweißen und ½ l kaltem Wasser vermengen, sodass eine formbare Masse entsteht. Zwei Backbleche mit Backpapier belegen. Zwei Drittel der Salzmischung auf den 2 Backblechen verteilen und glatt streichen, die Fische diagonal drauflegen. Das übrige Salz darüber verteilen und mit den Händen um die Fische formen, sodass diese rundum und gleichmäßig eingehüllt sind. Die Bleche in den heißen Ofen schieben und die Fische etwa 30 Minuten garen, bis das Salz ganz hart ist.

3 Nun ein Blech in Sichtweite der Gäste aufstellen (aber nicht auf den Esstisch, weil gleich Salz fliegen kann). Mit dem Hammer die Salzkruste beklopfen, bis sie bricht und sich das Salz abheben lässt (nun nicht mehr klopfen). Den Fisch auf den Tisch stellen und das Salz so weit wie möglich entfernen. Den Fisch filetieren und samt der Füllung verteilen. Den zweiten Fisch ebenso öffnen, filetieren und servieren. Aber eine Seite für Montag übrig lassen.

URSULA:

„Fünf Kilo Salz? Das ist ja der Hammer!"

SEBASTIAN: „Genau, und es schmeckt so fein und zart, dass du dich niederlegst. Wo ist jetzt der Hammer?"

Basic
SONNTAG

Lorbeer-Zitronen-Huhn

Jetzt gehen wir aufs Ganze: das klassische Hendl aufgepeppt nach mediterraner Art, verblüffend simpel mit großem Effekt.

ZUTATEN FÜR 4 PERSONEN

1 Brathähnchen (etwa 1½ kg)
Meersalz
frisch gemahlener schwarzer Pfeffer
1 Bio-Zitrone
4 große Lorbeerblätter
3 EL Olivenöl

Zubereitungszeit: 15 Minuten
Garzeit: 1 Stunde
Pro Portion ca. 530 kcal

1 Den Ofen auf 225 °C (Umluft 200 °C) vorheizen. Das Huhn innen und außen kalt abspülen und mit Küchenpapier trocken tupfen. Innen mit Salz und Pfeffer einreiben. Die Zitrone heiß waschen und von der Seite bis fast zur Mitte einschneiden. 2 Lorbeerblätter in den Schlitz schieben und die Zitrone ins Huhn stecken.

2 Das Huhn außen mit Salz und Pfeffer einreiben. An der Brust von oben die Haut so einschneiden, dass sich die übrigen Lorbeerblätter zwischen Haut und Fleisch schieben lassen. Huhn mit 2 EL Olivenöl bepinseln.

3 Ein Blech mit dem übrigen Öl bepinseln und das Huhn mit der Brust nach oben draufsetzen. Das Blech auf der zweiten Schiene von unten in den heißen Ofen schieben und das Huhn etwa 1 Stunde braten. In den ersten 45 Minuten immer wieder mit dem ausgetretenen Saft beschöpfen, in den letzten 15 Minuten nicht mehr, damit die Haut etwas knusprig wird.

4 Das Huhn 5 Minuten im offenen ausgeschalteten Ofen ruhen lassen. Dann tranchieren: Einen Kochlöffel in die Bauchhöhle schieben und das Huhn herausnehmen. Den Saft vom Inneren in ein Töpfchen laufen lassen. Das Huhn mit der Brust nach oben aufs Brett legen.

5 Mit einem großen Messer und Druck die Brust der Länge nach in der Mitte teilen. Nun noch beherzter draufdrücken, damit es im Rücken geteilt wird und in Hälften zerfällt. Diese mit den Knochen nach unten aufs Brett legen, die Schenkel anheben und schräg abschneiden. Alles auf eine Platte geben und mit Bratensaft servieren.

SEBASTIAN: „Wer mag, kann noch ein paar Kartoffelviertel drum herum mit aufs Blech legen."

Lachstoast mit Koriander-Dip

Ja, hier wird frittiert – aber nur ein bisschen. Muss man auch mal machen, wenn man Kochen lernen will. Schmeckt übrigens toll.

ZUTATEN FÜR 4 PERSONEN

3 Limetten
6 EL Sojasauce
¼ l ungesüßte Kokosmilch (Dose)
2 EL brauner Zucker
1 Bund Koriandergrün
8 Scheiben Toastbrot
2 Eigelb
übrige gegarte Lachsforelle vom Samstag (ca. 300 g)
3 TL Speisestärke
Meersalz
frisch gemahlener schwarzer Pfeffer
etwa ¼ l Fett zum Frittieren (z. B. Kokosfett)
Und: Küchenpapier

Zubereitungszeit: 30 Minuten
Pro Portion ca. 505 kcal

1 Die Limetten heiß waschen, halbieren und von einer Hälfte den Saft auspressen, die übrigen in Spalten teilen. Den Limettensaft mit 5 EL Sojasauce, der Kokosmilch und dem Zucker verrühren. Koriander abbrausen und trocken schütteln, die Blätter hacken und in die Kokossauce rühren.

2 Die Toastscheiben jeweils zweimal diagonal durchschneiden, sodass man aus jeder Scheibe vier Dreiecke erhält. Die Eigelbe verquirlen. Die Lachsforelle zerzupfen und mit übriger Sojasauce, der Speisestärke und den Eigelben vermengen. Mit Meersalz und Pfeffer abschmecken und auf die Toastecken streichen, dabei etwas andrücken. Toasts 10 Minuten stehen lassen.

3 In einen Wok oder einen großen Topf so viel Frittierfett geben, dass es etwa 4 cm hoch (2 Fingerbreit) ist. Das Fett auf 180 °C erhitzen. Um rauszufinden, ob es heiß genug ist, wirft man ein Brotwürfelchen rein. Wenn das gleich fröhlich brutzelt und bräunt, ist die Temperatur perfekt zum Frittieren.

4 Die Toastecken mithilfe eines Schaumlöffels portionsweise mit der Fischseite nach unten ins heiße Fett legen und etwa 30 Sekunden frittieren – Vorsicht, es kann spritzen. Toasts kurz auf Küchenpapier entfetten und mit den Limettenspalten und dem Koriander-Dip servieren.

Wohlfühl DIENSTAG

Gebratener Kartoffelsalat

Eigentlich sind das ganz normale roh geröstete Bratkartoffeln, für die man die Knollen nicht vorkochen muss. Aber weil wir in der Jetzt-kann-ich's-Woche sind, haben die sich einen interessanten Namen gegeben.

ZUTATEN FÜR 4 PERSONEN

500 g festkochende Kartoffeln
4 EL Öl
Meersalz
1 Bund Rucola
1 Bund Dill
50 g schwarze Oliven ohne Stein
1 Zitrone
frisch gemahlener schwarzer Pfeffer

Zubereitungszeit: 40 Minuten
Pro Portion ca. 185 kcal

1 Die Kartoffeln waschen und schälen, dann mit einem schmalen, scharfen Messer in dünne Scheiben schneiden. Die Kartoffelscheiben im Sieb kalt abspülen. Das Öl in einer großen Pfanne erhitzen und die Kartoffelscheiben tropfnass hineingeben. Mit ½ TL Meersalz durchschwenken. Bei mittlerer Hitze zugedeckt 10 Minuten dünsten, sodass sie noch etwas Biss haben. Dann offen 5–6 Minuten ohne Wenden braten und abschließend in 5 Minuten unter gelegentlichem Wenden fertig braten.

2 Den Rucola und den Dill waschen und trocken schütteln. Harte Stiele vom Rucola abknipsen und die Blätter klein schneiden. Den Dill klein zupfen. Die Oliven halbieren und alles kurz unter die Kartoffeln mischen, um es zu erwärmen. Die Zitrone halbieren und den Saft auspressen. Den gebratenen Kartoffelsalat mit Pfeffer übermahlen und mit Zitronensaft würzen. Das Gericht sofort servieren.

Feta in der Folie

Ein Ofenrezept, das ursprünglich vom Grill kommt. Wenn also im Sommer die Kohle auf Terrasse oder Balkon glüht, kann der Käse auch auf dem Rost gemacht werden.

ZUTATEN FÜR 4 PERSONEN

4 Stücke Feta (Schafskäse; je 150–200 g)
2 rote Zwiebeln
200 g Strauchtomaten
1 Bund Petersilie
4–5 EL Olivenöl
frisch gemahlener schwarzer Pfeffer
1–2 TL Kapern
Und: starke Alufolie

Zubereitungszeit: 40 Minuten
Pro Portion ca. 535 kcal

1 Die Fetastücke abtropfen lassen und jeweils quer halbieren. Die Zwiebeln schälen und in Ringe schneiden. Die Tomaten waschen, von den Stielansätzen befreien und in Scheiben schneiden. Die Petersilie waschen und trocken schütteln, die Blätter abzupfen und klein hacken.

2 Den Ofen auf 200 °C (Umluft 180 °C) vorheizen. 4 Bögen Alufolie (gut 20 x 20 cm) mit Olivenöl bestreichen und mit Pfeffer bestreuen. In die Mitte die Zwiebeln legen, darauf die Tomaten geben. Je zwei Stücke Feta drauflegen, mit Petersilie und Kapern bestreuen und mit etwas Olivenöl beträufeln.

3 Die Folie über der Füllung zusammenfassen und gut falzen, damit sie sich nicht öffnet. Die Fetapäckchen auf ein Backblech legen und das Blech auf die mittlere Schiene in den heißen Ofen schieben. Die Käsepäckchen 10–15 Minuten garen. Die Päckchen auf Teller verteilen und erst am Tisch öffnen.

Dazu schmeckt Fladenbrot.

Entdecken: Feta

Echter Feta wird aus Schafsmilch gemacht, und das schmeckt echt gut so. Klassisch kommt er in den Salat, kann aber auch solo mariniert oder im Ofen gratiniert werden. Toll sind auch Dips zum Grillen oder Fondue mit Feta, der gut zu allem Mediterranen passt. Raffiniert: Feta in die Salatsauce pürieren, statt ihn über die Blätter zu streuen.

URSULA:

„Das ist ja ein echtes Geschmacksjuwel!"

Basic
DONNERSTAG

Samthuhn mit süß-scharfen Gurken

Das Samthuhn kommt aus China, dort wird es durch sanftes Garen so zart wie Samt. Man kann aber auch Tofu in Brühe erhitzen und zu den Gurken servieren.

ZUTATEN FÜR 4 PERSONEN
+ EIN ZAUBERESSEN AM FREITAG!

Für das Huhn

1 großes Brathähnchen (etwa 1½ kg)
3 Knoblauchzehen
1 walnussgroßes Stück Ingwer
6 Lauchzwiebeln
¼ l Reiswein (ersatzweise Sherry medium oder Apfelsaft)
¼ l Sojasauce
1 Zimtstange (etwa 4 cm)
5 EL Zucker

Für das Gurkengemüse

2 Salatgurken
Meersalz
2 rote Chilischoten
1 walnussgroßes Stück Ingwer
2 Bund Schnittlauch
100 ml Reiswein (ersatzweise Sherry medium oder Apfelsaft)
6 EL Reis- oder Obstessig
2 EL Zucker
4 EL gesalzene Erdnusskerne

Zubereitungszeit: 1 Stunde
Abkühl- und Marinierzeit: 4 Stunden
Pro Portion ca. 370 kcal

1 Das Hähnchen innen und außen kalt abspülen und trocken tupfen. Knoblauch und Ingwer schälen und in dünne Scheiben schneiden. Lauchzwiebeln waschen und putzen, das Grün in Stücke schneiden. Das Weiße schräg in Ringe schneiden und zugedeckt kühl stellen.

2 Einen Topf nehmen, in den das Huhn gerade hineinpasst. Darin 1½ l Wasser, Reiswein und Sojasauce mit Ingwer, Zimt, Knoblauch, Zwiebelgrün und Zucker 20 Minuten sanft köcheln lassen. Das Huhn mit der Brust nach oben hineinsetzen und 20 Minuten ziehen lassen. Huhn umdrehen und noch 5 Minuten köcheln lassen. Den Topf zudecken und das Huhn in 2 Stunden neben der Herdplatte garziehen und abkühlen lassen.

3 Gurken waschen, längs halbieren, Kerne rauskratzen. In dünne Scheiben schneiden, mit 4 TL Meersalz mischen und in einem Sieb 15 Minuten abtropfen lassen.

4 Die Chilischoten waschen, putzen und in Ringe schneiden. Ingwer schälen und fein reiben, Schnittlauch waschen, trocken schütteln und in 1 cm lange Stäbchen schneiden. Reiswein und Essig mit Chili, Ingwer und Zucker aufkochen. Gurken in eine Schale geben, mit der heißen Marinade mischen und 2 Stunden ziehen lassen.

5 Das Huhn zerteilen, je 1 Brust und 1 Keule für Freitag beiseitelegen. Brühe durch ein Sieb gießen. Für Freitag kühl stellen. Von der übrigen Brust und Keule das Fleisch ablösen, in ½ cm dicke Scheiben schneiden, mit Gurken und Schnittlauch vermischen und auf Schalen verteilen. Erdnusskerne ohne Fett anrösten und drüberstreuen.

Lucky Chicken Noodle Soup

Wer diese Nudelsuppe isst, dem kann nichts mehr passieren. Morgen ist auch noch ein Tag? Ab jetzt wird im Heute gekocht und genossen.

ZUTATEN FÜR 4 PERSONEN

250 g dünne chinesische Weizennudeln (ersatzweise Linguine)

2 l Hühnerbrühe vom Donnerstag

Meersalz

je 1 Keule und 1 Brust vom Samthuhn vom Donnerstag

1 Bund Koriandergrün

2 Lauchzwiebeln

Zubereitungszeit: 30 Minuten
Pro Portion ca. 555 kcal

1 Die Nudeln in Salzwasser nach Packungsangabe garen, abgießen und mit kaltem Wasser abkühlen. Die Hühnerbrühe aufkochen und mit Meersalz abschmecken. Von den Hühnerteilen die Haut abziehen, das Fleisch von den Knochen lösen und würfeln. Den Koriander waschen und trocken schütteln, die Blätter abzupfen und klein hacken. Die Lauchzwiebeln waschen und putzen, dann in Ringe schneiden.

2 Nudeln, Fleisch und Lauchzwiebeln in die heiße Brühe geben. Die Brühe darf jetzt nicht mehr kochen, denn das würde das Hähnchenfleisch trocken machen. Alle Zutaten etwa 5 Minuten in der Brühe ziehen lassen, auf Suppenschalen verteilen und mit dem Koriander bestreuen. Gleich servieren – für Profis mit Stäbchen (Schlürfen erlaubt).

URSULA:
„Ach wie schön, ein richtiges Happy End."

Wie mach ich … ?

Lachs-Tatar

Wenn der Fisch ganz frisch ist, ist das ein feiner Starter für ein Menü, der nur wenig Arbeit macht.

- Natürlich sollten die Gäste rohen Fisch mögen – aber wer zur Jetzt-kann-ich's-Woche geladen ist, wird da ganz offen sein.
- Die Mengen reichen für 4–6 Gäste.
- Fein dazu: gerösteter Toast oder japanische Reis-Kräcker.

So wird's gemacht: **2 Lauchzwiebeln** waschen, putzen und in feine Ringe schneiden. Mit **1 Handvoll Eiswürfel** mischen und in den Kühlschrank stellen – das macht die Zwiebeln „knusprig". **2 EL Sesamsamen** in einer Pfanne ohne Fett rösten. Herausnehmen und abkühlen lassen. **400 g ganz frisches Lachsfilet** (falls nötig von Haut und Gräten befreien) in dünne Scheiben schneiden und dann mit einem großen Messer sehr fein hacken. **Je 1 TL Limettensaft** und **scharfen Senf** mit **2 EL Olivenöl** verrühren. Dies mit dem Lachs und den gut abgetropften Lauchzwiebeln vermischen. Mit **Meersalz** und **1 Prise Zucker** würzen, auf Teller verteilen und mit dem Sesam bestreuen.

Weißer Schokokäsekuchen

Keine Feier ohne Kuchen.

- Der hier schmeckt göttlich und ist schneller gerührt, als ein Vanillepudding gekocht ist – und einen Teigboden braucht er auch nicht.
- Und er ist so kraftvoll, dass man locker 16–20 Stücke draus schneiden kann. Die auch perfekt als Nachtisch sind.

So wird's gemacht: **150 g weiche Butter** mit **200 g Zucker** schaumig rühren – am besten mit dem Handrührgerät. Dabei nach und nach **4 Eier** dazugeben. Nun noch **100 g geriebene weiße Schokolade**, **1 Päckchen Vanillepuddingpulver** und zum Schluss **1 kg Magerquark** einrühren. Die ganze Masse in eine gut gebutterte Springform (Durchmesser 26 cm, mindestens 24 cm) geben, glatt streichen und im 200 °C (Umluft 180 °C) heißen Ofen auf der mittleren Schiene in 45 Minuten goldgelb backen. Ofen ausschalten, Tür öffnen und den Kuchen im Ofen in der Form auskühlen lassen. Fein dazu: ein Salat aus frischen Beeren.

EIN GROSSES ESSEN MACHEN

Zutaten wählen: Die wichtigste Menüregel besagt, dass sich nichts Wichtiges wiederholen darf. Also nicht Sahnesuppe und -sauce, nicht Fleisch in der Vorspeise und im Hauptgang, nicht Obst im Salat und im Dessert.

Zubereitung wählen: Darauf achten, dass nicht alles auf einmal kommt und man sich selbst im Weg ist. Also eine kalte Vorspeise vorbereiten, Hauptgang im Backofen machen, Beilagen auf dem Herd und das Dessert am Tisch vollenden – das macht immer was her.

Stressfrei servieren: Die Vorspeise kann schon fertig in Schalen oder Gläsern im Kühlschrank warten, das Hauptgericht kommt „family style" auf Platten und in Schüsseln auf den Tisch, und beim Dessert helfen alle mit.

Rezeptregister

Ursula Karven

wurde 1964 in Ulm geboren und lebt heute mit ihrer Familie in Berlin. Die vielseitige Schauspielerin ist seit 25 Jahren in zahlreichen nationalen und internationalen Fernsehfilmen zu sehen. 1999 entdeckte sie ihre Leidenschaft fürs Yoga und schrieb die Bestseller „Yoga für die Seele“ und „Yoga für dich und überall“ sowie zwei Kinderbücher über „Sina und die Yogakatze“. Ihre Yoga-DVDs „Power Yoga“, „Yoga del Mar“ und „Yoga Everyday“ sind die meistverkauften Yoga-DVDs in Deutschland. Vor 14 Jahren gründete sie zusammen mit vier Freundinnen die Firma „Bellybutton“, die zu einem großen Erfolg wurde.
Nur mit dem Kochlöffelschwingen wollte es bisher nicht klappen. Ursula Karven fand es an der Zeit, mehr gesunde und selbst gekochte Mahlzeiten für sich und ihre Kinder auf den Tisch zu bringen. Deshalb suchte sie nach einem Küchenguru, der sie auf diesem Weg begleiten sollte.
www.ursulakarven.de

Sebastian Dickhaut

ist Buchautor, Kochlehrer, Gastgeber und Erfinder mit einem Faible fürs Grundsätzliche. Der ausgebildete Koch arbeitete in exklusiven Restaurants, bevor er zur Tageszeitung wechselte, die Reihe „Basic cooking“ mitbegründete und als Food-Korrespondent nach Australien ging.
Zurück in München hat er das HUKODI eröffnet, wo er neben dem Schreiben Foodfilme produziert, Kochkurse gibt und zum Mittagessen lädt. Dazu ist er jede Woche Sonntagskoch beim Hessischen Rundfunk und einmal im Monat Samstagskoch für SOS-Kinderdorf.
Sebastian Dickhaut hat mehr als 50 Kochbücher verfasst, die in 15 Sprachen weltweit millionenfach verkauft werden. Er ist Vater von zwei Söhnen.
www.sebastian-dickhaut.de

IMPRESSUM

ISBN: 978-3-8338-2234-6

Projektleitung: Anja Schmidt
Lektorat: Katharina Lisson
Umschlaggestaltung und Innenlayout:
Sabine Krohberger, ki 36 Editorial Design, München
Satz: Nadine Thiel | kreativsatz, Baldham
Druck und Bindung: Firmengruppe APPL, Wemding

Illustrationen: Bettina Stickel | www.stickel-stickel.de

People-Fotgrafie: Björn Kommerell | www.bjoernkommerell.com

Food-Fotos: Barbara Bonisolli | www.bonisolli.de
Foodstyling: Hans Gerlach | www.food-und-text.de

Für das Styling von Ursula Karven herzlichen Dank an:
Comma – Ella Moss – I-Heart – Napapijri – Splendid

1. Auflage 2011

www.graefeundunzer-verlag.de

GRÄFE UND UNZER

Ein Unternehmen der
GANSKE VERLAGSGRUPPE

Die Story als Film auf Küchengötter TV:
www.kuechengoetter.de/kochen-mit-karven

Für das Scannen von QR-Codes benötigen Sie einen QR-Code Reader auf Ihrem Handy. Um die Software herunterzuladen geben Sie bitte http://m.tagnition.de in den Browser Ihres Handys ein.